HAVE A
SOLUTION

解決問題的
關鍵7步

7 KEY STEPS TO
EFFICIENT PROBLEM SOLVING

奉湘寧，顧淑偉————著

內容提要

　　本書致力於幫助讀者提高解決問題的能力。作者融會貫通了 10 年來的問題解決研究所得與 3 萬餘個真實案例處理經驗，重新定義了「問題」的概念，揭示了問題反覆出現的真相。本書以「KSME 問題解決 7 步法」和 30 餘個工具為明線，以解決問題所需的 7 個思維、7 個理念、4 種能力為暗線，深入淺出地為讀者揭示了解決實際問題的普遍規律與具體方法。這套創新性的問題解決方法，適用於個人成長、工作管理、家庭建設等方方面面，能有效助力組織應對人才培養、溝通協調、高品質執行等挑戰，陪伴個人應對職業壓力、家庭關係、兒童教育等挑戰，提升組織效率與個人福祉。

能解決問題的人就是人才，

但這種人往往非常稀缺。

每一個組織和個人，都需要卓越的問題管理者。

你，可以成為這樣的人。

人生有解

☺ 拿著舊地圖，去不了新大陸

從出生起，我們就開始了解決問題的旅程：感覺飢餓怎麼辦？怎樣保證自己的安全？如何讓喜歡的人也喜歡自己？

雖然或許沒有人系統地教過我們如何解決問題，但我們天生就具備解決問題的能力，並且這種能力隨著成長不斷提升。

經過多年的經驗累積，你已經形成了一張自己解決問題的地圖，它紀錄了你以往解決問題的「思路」，包括視角、策略、方法等。你可能從未意識到它的存在，但這張地圖已經幫助你解決了諸多問題，伴你度過了許多難關。

然而當你在人生的路上繼續遠行，仍會發現：那些令人煩惱又繞不開的問題，總在持續不斷地產生，原本一路向好的工作和生活，往往因此而卡住，將過去靈驗的方法用來解決新問題時，卻不再起作用……在問題面前，我們容易感到焦慮或無奈，也容易否定自己和他人，使情況陷入惡性循環。

這其中發生了什麼？

我們解決問題的地圖，往往是根據過去的經驗形成的。隨著成長的腳步向前邁進，我們的能力越強，面臨的挑戰就越大。

現代社會中的人、事、物變化之快，超越以往任何時候，在這個充滿不確定性的時代，我們面臨著許多前所未有的新問題。

拿著舊地圖，去不了新大陸。當你翻開這本書時，或許也意識到了舊地圖的失靈，而你潛意識中正在做的就是為自己尋找一張新地圖。這

也是我們寫作本書的目的：為你提供一件「利器」，陪伴你有效地解決棘手問題，達成美好願景。

請允許我向你分享我們（兩位作者）的故事。

我們是一家人。1990 年，顧淑偉從電子科技大學畢業，來到中國航太第三研究院北京航星機器製造有限公司從事研發工作，之後與丈夫相識相愛，有了女兒奉湘寧。

20 世紀 90 年代是一個快速變化的年代，顧淑偉在 1996 年年底加入諾基亞（NOKIA）。她從事技術與管理培訓 20 年，走遍全球 20 多個國家和地區，此後成為諾基亞中國區培訓學院副院長，從事企業培訓及管理工作。

奉湘寧是中國科學院大學的理學博士，從小就喜歡鑽研「千奇百怪」的問題。讀博後，系統的學術訓練與恢宏的想像力使她更善於解構問題，並全身心投入對「問題」的探索中。

我們二人不僅是母女，還是最親密的合作夥伴和最默契的戰友，為了同一個願景，共赴同一項研究。

☺ 決心找到一張新地圖

　　在過去富有挑戰的工作和生活中，我們和你一樣，發現依靠過往經驗解決問題的思路出現了明顯失靈。

　　於是我們大膽告別原來的事業，在最近 10 年的時間裡，只聚焦一件事──解決問題，決心找到一張新的地圖。

　　這張新地圖的最初靈感源於英國商業心理學家奈傑爾 · 哈里森（Nigel Harrison）開創的「績效諮詢七步法」──一套旨在幫助人力資源業務合作夥伴（HR Business Partner）進行深度績效諮詢的工具。在 35 年的實戰應用中，這套方法曾幫助富豪、強生、可口可樂、阿斯利康等知名企業有效提升績效。

　　在與摯友哈里森多年的交往中，我們愈發意識到七步法在績效諮詢領域外，對「解決問題」的超凡價值。在哈里森先生的熱情支持下，我們將七步法引入中國，從解決問題的角度重新定義每一步，並全方位補充解決問題所必需的工具和思維。

　　歷經 10 年，在 30000 餘個中國本土真實案例的基礎上，我們反覆檢驗、調整這套方法，最終創建出一套高效、系統的問題解決體系「KSME」（該命名是一份驚喜，將在第 7 章中為你詳細介紹），並將其以地圖的形式視覺化呈現。

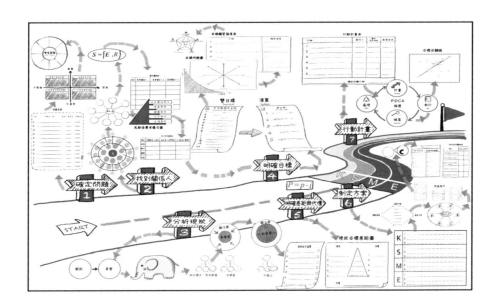

一開始，KSME 聚焦解決企業績效問題，後來一些客戶對這張地圖愛不釋手，嘗試把它遷移到各自家庭問題的解決中，也取得了同樣出色的效果。我們在遷移中發現，這張原本針對企業開發的問題解決地圖，卻意外地適用於家庭建設、學校教育、個人成長等問題的解決，這促使我們進一步探索 KSME 的應用場景。

或許這就是「萬變不離其宗」的道理！即使問題的表象千變萬化、各有不同，但只要把握住本質，就會發現解決它們的原理都是相通的。

這本書的內容曾深刻地改變了許多人的生活方式，幫助成千上萬的人改善了自己的生活和工作情況。目前，KSME 已陪伴數百家企業、家庭、學校累計解決實際問題 30000 餘個。它見證了瀕臨「癱瘓」的團隊重啟核心項目、即將離異的夫妻重歸於好、迷茫的職場人士明確新的職業方

向、打算退學開撞球場的孩子奇跡般考入理想的大學……

☺ 打造專屬於你的「問題解決地圖」

　　如果你是一位職場人士，正面臨以下問題：

・明明加班加點，大部分工作卻沒有「結果」。

・無法適應工作中的變化，感到很被動。

・會議多效率低，難以達成共識，團隊內耗大。

・難以與客戶、同事或領導有效溝通，左右為難。

・缺乏職業自信，對未來有強烈的焦慮和危機感。

　　如果你是一位家長，正面臨以下問題：

・親子溝通困難，家庭關係緊張。

・付出很多，卻無法得到家人理解。

・因孩子學習主動性差而感到無奈。

・難以平衡工作和生活，身心疲憊。

　　如果日復一日的忙碌，令你感到壓力重重：

・生活節奏緊張、壓抑，長期處於亞健康狀態。

・經常感到後悔，覺得自己做什麼都不對。

・努力維持或平衡各種關係，感到焦頭爛額。

・愛學習愛思考，卻仍無法獲得「更好的生活」。

　　那麼，這本溫情的問題解決自助手冊將快速為你所用，讓看似「無解」的問題變得「有解」。沒有枯燥乏味的流程，沒有生僻晦澀的術語，全書將用生動的互動插圖與案例剖析，一目了然地呈現解決情緒、關係、實際問題的方法論，陪伴你從全新視角探索問題的真正奧秘，在遊刃有

餘地管理各類難題的同時，發現更好的自己。

　　當然，在棘手問題面前，人們往往如臨大敵，但我們不想讓解決問題的過程沉重而刻板。為此，我們邀請了插畫師 Tina 以卡通畫的形式呈現了所有工具，使解決問題的過程既高效又輕鬆愉快。

　　值得一提的是，本書是否成功，不僅取決於我們的貢獻──事實上，我們只占一半！你會發現書中有很多空白的地方，需要由你來填寫或繪製；而對提升本書的完整度和有效性來說，你的期待、你的互動、你的疑問、你寫下的每一筆，都將是一種莫大的貢獻。

　　當你完成了本書「另一半的創作」後，你會驚喜地發現：我們已經共創了一張專屬於你的問題解決地圖！

🙂 這本書將為你帶來什麼？

1. 它將幫你把自己調整到解決問題的最佳狀態，擺脫對問題的過度思考或自我指責，保護你不受到問題的傷害。

2. 它將為你奉上實用、好用、管用的問題解決方法和工具，致力於解決實際問題。它將陪伴你看清眼下面臨的所有問題，讓牽動全局的「問題之王」浮出水面，找到解決問題的「盟友」所在，最終發現解決問題的最短路徑與最佳方案。過程中，你將掌握一套由「KSME 問題解決七步法」和 30 餘個工具組成的新地圖。

3. 除具體方法外，它還將帶給你解決問題所需的 7 個核心理念、4 種核心能力和 7 個思維轉換，如從習慣性追究原因的歸因導向到聚焦方案的行動導向，從爭論對錯的裁判關係到彼此支撐的夥伴關係，從被「不想要的」牽扯精力到全身心追求「想要的」，從被

紛亂的緊急問題纏身到聚焦真正影響全局的「問題之王」……這些將幫助你最終成為一位卓越的問題管理者。我們想在此提醒的是，解決問題絕不僅是對方法、技巧的運用，更是一場對心智的考驗，一場對我們所秉持的視角、思維和我們所具備的勇氣、信心等等的綜合考驗。

4. 它將善待你的問題，協助你釋放問題背後的價值，讓解決問題不再是處理麻煩，而是達成心願的旅程，令你愛上解決問題！

5. 它將使你更了解自己，了解你所珍視的人，為自己和身邊的人帶來喜悅。與書為伴，你將驚喜地發現：最重要的從來不是具體的問題，而是解決問題的「人」，你是自己的人生總導演！

我們將 KSME 的秘密完備地呈現在本書中，並將新地圖送給你，願它為你帶來更加美好的工作、生活體驗。

讓我們一起踏上這段透澈又溫暖的探索之旅吧！

☺ 測一測 你平常是如何解決問題的？

在閱讀本書之前，請你先完成以下 15 道自測題，看一看自己平時解決問題的思路是怎樣的。

請把你的答案勾選出來，並把選擇的痕跡保留在這一頁。在遇到不確定答案的問題時，不必糾結於題目本身，憑直覺回答即可。

1. 問題就是麻煩。

A. 非常認同　　　B. 比較認同

C. 比較不認同　　D. 非常不認同

2. 遇到的問題越多，意味著自己的能力越差。

A. 非常認同　　　B. 比較認同

C. 比較不認同　　D. 非常不認同

3. 實際問題不解決，情緒就不可能變好。

A. 非常認同　　　B. 比較認同

C. 比較不認同　　D. 非常不認同

4. 我面臨的問題都很重要，需要同等對待。

A. 非常認同　　　B. 比較認同

C. 比較不認同　　D. 非常不認同

5. 反覆思考問題就是善待問題。

A. 非常認同　　　B. 比較認同

C. 比較不認同　　D. 非常不認同

6. 工作和生活中的問題關聯很弱，互不影響。

A. 非常認同　　　B. 比較認同

C. 比較不認同　　D. 非常不認同

7. 找到問題是誰造成的、是誰的責任，問題就解決了。

A. 非常認同　　　B. 比較認同

C. 比較不認同　　D. 非常不認同

8. 如果資源不足，即使設定了目標也沒用。

A. 非常認同　　　B. 比較認同

C. 比較不認同　　D. 非常不認同

9. 我面臨的一些問題是無解的，我別無選擇。

A. 非常認同　　　B. 比較認同

C. 比較不認同　　D. 非常不認同

10. 必須找出問題產生的原因才能解決問題。

A. 非常認同　　　B. 比較認同

C. 比較不認同　　D. 非常不認同

11.「對事不對人」，解決問題時不用考慮人的因素。

A. 非常認同　　　B. 比較認同

C. 比較不認同　　D. 非常不認同

12. 問題一定都有標準答案。

A. 非常認同　　　B. 比較認同

C. 比較不認同　　D. 非常不認同

13. 解決問題時，誰的方案好就聽誰的。

A. 非常認同　　　B. 比較認同

C. 比較不認同　　D. 非常不認同

14. 如果方案難以繼續執行，就要狠抓落實。

A. 非常認同　　　B. 比較認同

C. 比較不認同　　D. 非常不認同

15. 誰有錯，誰就要先改變。

A. 非常認同　　　B. 比較認同

C. 比較不認同　　D. 非常不認同

　　恭喜你完成了重要的一步！上面的 15 個問答，直接牽涉到我們解決問題的慣性思路。

　　我並不想在這裡列出所謂的「標準答案」，或通過打分的形式來判定你解決問題能力的高低。因為在通讀全書後，你很可能會做出新的選擇。這種變化本身的價值，將遠超分數或標準答案。

　　但如果你的選擇大多數是 A 或 B，你或許更容易在如何高效愉快地解決問題上陷入困境。別擔心，閱讀全書後請你回到這一頁，再進行一次測試。看看那時，你的答案是否會有不同？

CONTENTS

第 9 章　帶上新地圖，是時候出發了！

關　於　KSME

第 1 章

你做好解決問題的
準備了嗎？

在工作和生活中，我們經常把「解決問題」掛在嘴邊。到底什麼是
「問題」？在問題面前我們是「誰」？如何避開解決問題的誤區，
讓努力事半功倍呢？

在這一章中，你不僅將發現解決問題的「命脈」所在，獲得一個在
問題面前的「戰略性新身分」，還將把握解決問題的狀態、環境
（Where）、時間（When）、初心（Why）、原則（How），為
即將開始的問題解決之旅掃清障礙。

1. 問題到底是什麼？

「問題到底是什麼？」在 KSME 問題解決課堂上，我經常向大家提出這個問題。

- 有人說，問題就是麻煩。
- 有人說，問題就是壓力。
- 有人說，問題就是不知道該怎麼辦。
- 有人說，問題就是不想要的、討厭的東西。

的確，這些是問題帶給我們的直觀感受，但我們似乎很難通過「感受」來定義問題，把問題這個變化莫測的東西「扣住」。儘管得出定義並不是目的，但弄清問題到底是什麼，將使你獲知一個重要的秘密。

現在，請你在腦海中呈現一個最近遇到的具體問題，思考：當你認為它是「問題」時，你是否對它的產生不太滿意？它表明某事、某物或某人可能沒有滿足你的期望，沒能達到你的標準，讓你感到糾結或不確定，但也意味著你本來是有所期待的。

實際上，讓你感到不滿意的是「現狀」，帶給你期待的是「現狀」背後的「目標」，而問題就是現狀與目標之間的差值的絕對值，也就是「差距」（ Δ ，Delta）。

$$問題 = |\,現狀 - 目標\,|$$
$$Problem = |\,Current\ situation - Target\,|$$

當你仔細觀察這個公式就會發現——**每個問題的背後，一定藏著一個目標。**假如沒有目標，或目標與現狀完全相等， Δ 為「0」，問題就不是

問題了。一旦你真正理解了這一點，你就把握住了解決問題的命脈。

很多人認為解決問題就是處理麻煩，像對待垃圾那樣對問題避之不及，想著儘快消滅問題，甚至想「消滅」問題中的人。

實際上，沒有一個問題是毫無價值的，每個問題的背後都對應著你的目標，你的需求，你改善現狀的願望，這些都代表著你對更好生活的憧憬，都是你的機會。機會在哪裡？我們要如何把握呢？回顧我們日常解決問題的模式，看看下面的對話你是否熟悉？

- 「我睡不著。」家人說：你放鬆點兒不就好了嗎？
- 「我高興不起來。」朋友說：你想開點兒不就好了嗎？
- 「這道題我總是做錯。」老師說：你認真點兒不就好了嗎？
- 「專案很難按期完成。」主管說：你再努努力不就好了嗎？

在解決問題時，人們容易簡單、直接地給出建議，從問題直接到方案，跳過識別問題、分析問題的過程。

隨著時間流逝，小問題逐漸變成了大問題，當下的問題變成了歷史遺留問題，工作和生活問題攪在一起並相互影響，我們也就錯過了問題背後的機會。

其實，「睡不著」背後的機會是更健康的身體狀態，「不高興」背後的機會是更強的個人幸福感、更美好的關係，「做錯題」背後的機會是更好的學習表現、更適合的學習方法，「專案拖延」背後的機會是更高的績效、更有凝聚力的團隊、更大的客戶價值。

解決問題是通往目標的必由之路。**接下來我們要做的，就是關注問題背後的價值，把握每一個問題背後的機會。**

2. 在問題面前，我是誰？

在棘手的問題面前，人們通常有兩種身分。有些人認為自己是**「問題的受害者」**，感到無可奈何、孤立無援。他們經常這樣想：

- Ta 變了（本書中用 Ta 代指第三人稱）。
- Ta 不理解我的難處。
- Ta 太強勢了，總是自以為是。
- 他們能力不夠／效率太低。
- 他們積極性差／不團結一致。
- 這個選擇太令人糾結了。
- 真倒楣，剛洗完車就下雨了。

有些人認為自己是**「問題的製造者」**，感到自責、內疚甚至自我厭惡。他們時常這樣反思：

- 我很後悔那樣做。
- 早知道我就不離開了。
- 我又沒控制住自己，吃了垃圾食品。
- 我又衝動消費了。
- 我玩手機的時間太長了。
- 都怪我太沒毅力、太衝動了。
- 去年設的目標又沒完成。

在問題面前，你怎樣定位自己的身分呢？明確「你是誰」，是解決問題前的頭等大事──這一點再怎麼強調也不為過。許多問題之所以長時間無解，都與錯誤或模糊的身分定位有關。

　　如果我們將自己定位為問題的「受害者」或「製造者」，就意味著我們要麼被問題傷害，要麼不小心製造了問題，也就相當於認同了自己和問題是相互對抗的，把解決問題等同於打敗麻煩。

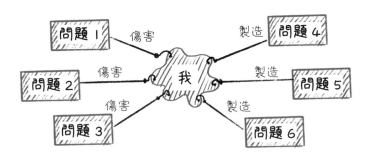

　　這時的我們像是在與問題拔河──在同一層面對峙。在 KSME 問題解決課堂上，有人形容這種感受就像是掉進了一個陷阱，自己被問題層層包裹著，彷彿「我就是問題，問題就是我」，甚至開始否定、厭惡自己。

　　很多情況下，**身分定位的誤差，會令我們為解決問題付出的努力朝錯誤的方向飛馳**。如果你在解決某個問題時感到吃力，並不一定是因為你欠缺某種能力或毅力，可能你只是還沒意識到自己是「誰」，或者說，你沒有找到最佳位置。

　　現在，我邀請你放下與問題拔河的繩子，慢慢上來，看看上面的風景──你會看到整個局面究竟如何了。

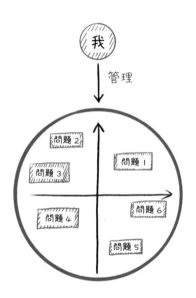

　　當你翻開本書時，你已經有了一個新身分——你既不是問題的受害者，也不是問題的製造者——**你是一位卓越的問題管理者。**

　　問題管理者是不被問題管理，而主動管理問題的人，它是你在問題面前的「戰略性身分」。這個身分將帶給你新的視角，新的思考，新的發現；將使你看到原來難以看到的，把握過去難以把握的，幫助你引領自己和身邊的人一步步解決問題、達成願景。

- 當別人看到問題帶來的麻煩時，你看到的是問題帶來的機會。
- 當別人追究問題產生的原因時，你看到的是問題背後的目標。
- 當別人搜尋製造問題的「罪犯」時，你在尋找誰是解決問題的「盟友」。
- 當別人關注自己失去什麼時，你看到的是自己還擁有什麼、可能獲得什麼。
- 當別人抱怨某個問題無解時，你想的是為了實現目標，自己總可

以做點兒什麼。

在多年解決問題的實踐中，我發現這樣一個現象：有人是企業高管，有人是大學教授，有人是專業諮詢師，他們經驗豐富，能夠幫助身邊的人面對挑戰，但當面對與自己相關的問題時，常感到無能為力。

一家大型企業的總經理工作很忙，他已經 3 個多月沒有回家，卻為了解決孩子的問題專程飛到北京。他一邊傾訴，一邊落淚：「我經常給別人做工作，輪到解決自己的孩子的問題時，竟然一點兒辦法都沒有。」

他說自己很重視孩子的教育，每週都打電話囑咐、引導孩子，但孩子的情況卻越來越糟。他認為自己作為父親已經傾盡全力，該做的都做了，可情況還是沒有改善。

和這位父親一樣，很多人不是沒有能力解決問題，而是不能解決「與自己相關」的問題。原因在於，他們把問題相關者（如父親）的角色和問題管理者的角色等同了。

你需要做的就是把這兩個角色分開──真正地分開。

你無法在製造問題的同一個思維層面上解決這個問題。
──阿爾伯特・愛因斯坦（Albert Einstein）

問題管理者與問題相關者最大的區別，在於二者的思考方式有巨大差異。當問題相關者輾轉在具體角色的職責範圍裡，關注著自己作為專案經理、作為下屬、作為父母、作為子女付出了什麼，是否勝任角色、對方是否理解時，問題管理者思考的是以下這些問題。

我們要解決的問題是什麼？參與解決的人有哪些？他們的狀態如何？如何調動他們的意願？我們現在在哪裡，有哪些困難？我們要去哪裡，如何到達那裡？前進的過程中有哪些干擾？如何確定最佳路線？……

做到這一點很不容易，需要你在問題解決過程中既保持理性，又飽含溫情。**然而一旦你真正區分開這兩個角色，你會發現一些阻力開始消失，許多限制被你解除，你擁有了新的自由！**

對於孩子的教育問題，你既能充當家長的角色，為孩子提供來自父親、母親的支持，還能升級到「問題管理者」的身分，「俯瞰」家長和孩子共同面對的問題。當你這樣做時，你就彷彿站在高處，看著一家人解決問題，並用新的思路帶領全家人走出問題困境。

對於部門的問題，你既能考慮到自己的職責和角色，也能用問題管理者的思維把握全局；對於跨部門的問題，你既能站在自己部門的角度思考問題，也能突破「部門牆」的限制，思考如何協同各部門解決問題、達成目標。

對於自己的問題，你不會再受限於在日常生活中扮演的角色，而會開始從第三視角看待問題、善待問題，就像解決別人的問題一樣。

如果你在任何問題面前都能不受自己原有身分的限制，始終堅守自己的第二身分——問題管理者，那麼你的影響力將在各個場景中得到淋漓盡致的發揮：在家庭中，你將是伴侶、孩子、父母可靠的臂膀；在工作中，你將成為一位充滿魅力的領導者、不可替代的協作者；對個人來說，你將擁有更多的自由。

　　正如前言強調的，解決問題絕不僅是對方法、技巧的運用，更是一場對心智的考驗，包括對我們所秉持的視角、思維，我們所具備的勇氣、信心的綜合考驗。

　　在接下來的章節中，你將以「問題管理者」這一嶄新的身分出現，而對這一身分的堅守，將成為你在解決問題中最關鍵且需始終堅持的原則。

3. 問題很多，是我不夠好嗎？

　　化工製造商巨頭陶氏化學工業公司初創時，一位求職者仔細潤色了他的工作履歷，並一再向面試官強調他的最大優勢：不管情況如何，他都從未在以往的工作中犯過錯誤。

　　該公司的創始人赫伯特・亨利・道（Herbert Henry Dow）打斷了他的自我介紹：「我們有 3000 人在這裡工作，他們平均每天要犯共 3000 個錯誤，我不會雇傭一個『完美無缺』的人，來讓他們感到被侮辱。」

　　「問題」不等於「錯誤」，但一個人做的事情越多，產生問題的機會就越多。**「有問題」的反義詞不是「沒有問題」，而是「什麼都不做」。**

　　你或許發現童年時期自己面對的問題比較少，解決起來也相對容易。但隨著你日漸成熟，擺在你面前的問題越來越多，也越來越有挑戰性。學業、經濟、情感、健康的問題開始走入你的生活，來自客戶、主管、下屬的問題與來自伴侶、孩子、父母、親戚的問題，壓在了你身上。

當問題出現時，我們往往會本能地責備自己，懷疑是自己「不夠好」才導致問題產生。但請明確，這其中的原因正相反——**越是能力卓越的人，面臨的問題就越艱巨；越是被周圍人需要的人，面臨的問題就越多。**

問題管理者不僅能解決問題，還能讓自己免受問題的傷害。在掌握具體方法之前，你需要清晰地了解自己的卓越能力與美好品質。因為無論是怎樣的問題，在你充滿信心的、樂觀的狀態下，都一定會被解決。

現在請你放下本書，把你的雙手放在眼前，像做科學實驗一樣仔細地觀察它們。請你先認真地看一看自己的手心，再專注地觀察一下手背。這是一雙怎樣的手呢？

- 你可能會發現，一些細細的紋路出現在了你原本光滑的手上。
- 因為日曬，手背的顏色比手心暗淡一些。
- 因為剛結束了辛苦的工作趕回家，指甲裡有了一點兒塵土。
- 因為經常拿重物，指根處形成了一點兒硬硬的繭。
- 因為你曾不小心磕傷，它留下了一小塊傷疤，如今看起來卻更加有力。

你或許很少這樣觀察自己的手，但正是這雙有了歲月痕跡的手，在過去數不清的日夜裡勤勉地努力，一次又一次地戰勝了艱難的挑戰，堅韌地追求著理想的生活，為所愛的人不懈拚搏，取得了莫大的成就——**這是一雙非常了不起的手！**

你曾用這雙手戰勝了哪些挑戰呢？

這是一張「人生挑戰圖」，你不妨通過它來簡單梳理一下自己曾戰勝過的挑戰——這或許就是你的人生故事中最驚心動魄的部分！

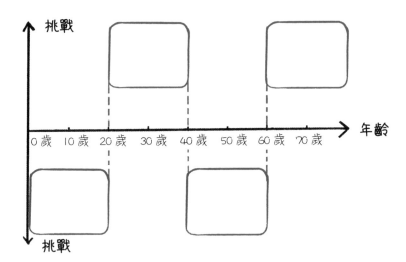

- 有人說，我在 14 歲那年戰勝了腦膜炎的挑戰，堅持治療並重獲健康。
- 有人說，我在 19 歲那年戰勝了高考復讀的挑戰，走進了理想的大學。
- 有人說，我在 22 歲那年戰勝了演講焦慮的挑戰，第一次勇敢地表達自己。
- 有人說，我在 35 歲那年戰勝了創業失敗的挑戰，沒有一蹶不振，重新開啟了熱愛的事業。
- 有人說，我在 40 歲時面臨了親人離世的傷痛，但我戰勝了抑鬱的挑戰，帶著至親的祝福繼續幸福地生活。

此刻，你的「人生挑戰圖」中是否已經有了好幾個挑戰？其實我們在說到「挑戰」時，已經為問題分了類，而挑戰就是指那些異常艱難、

非常重要、極具價值的問題。

　　這些問題或許在當時看來都是很難邁過去的坎兒，但你都一一邁過去了，並且走得越來越精彩！因此，無論此刻或未來還有多少不確定性，作為問題管理者：

- 你都不會低估自己的能力，因為你知道，你早已具備了解決問題所需的一切，而此刻只需輕輕喚醒它們；
- 你不會低估自己的勇氣，因為你明白，你只是暫時被問題困住了，但你本就知道如何戰勝那些挑戰，你比自己想像的還要厲害許多；
- 你不會低估自己的成就，因為你了解，過去的你已經寫下了華章，而未來的你不可限量，你強烈的自我效能感，將使人生隨你而動；
- 你不會低估自己的幸福，因為你知道，美好本身沒有上限，你本來就該健康自在、喜悅滿懷，你可以實現你的所想，因為你注定要擁有精彩的一生！

4. 解決問題前，我要準備些什麼？

　　你好，問題管理者，恭喜你馬上就要踏上解決問題的旅程了！不過請別赤手空拳，我在這裡為你準備了一張新地圖，並在上面標示了最佳路線與好用的工具，這些裝備將最大限度地為你排除干擾，助你達成願景。

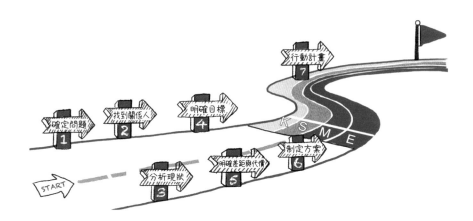

　　解決問題就像駕駛一輛汽車，目的地是你的願景。作為問題管理者，你就是發動引擎的人，你就是手握方向盤的人，你就是腳踩油門和剎車的人。車上的乘客都是和問題有關的人，也都是你在意的人。那麼，你打算如何駕駛這輛汽車呢？

1. 準備解決問題的狀態

　　幾乎每個人都知道，喝酒後不能開車，身體不適不能開車，盛怒之下不適合開車，過度疲勞時開車是危險駕駛，因為司機的狀態會直接影響行車的安全。

　　但輪到解決問題時，我們往往容易輕視自我狀態的關鍵影響。

- 有的人在忙碌了一天、極度疲勞時，仍與同事解決團隊協作問題，結果適得其反。
- 有的人在喝酒後與合作夥伴解決專案問題，第二天卻把方案拋諸腦後。

- 有的人在發燒、患上腸胃炎時解決自己的情緒問題，越努力解決，情緒越糟糕。
- 有的人在盛怒之下解決孩子的成績問題，結果不僅沒提升孩子的成績，還引發了「家庭大戰」。

實際上，這些都是屬於「危險駕駛」的行為。解決問題的確是一個「燒腦」的過程，我們只有攢夠充沛的精力，擁有平穩的情緒和清晰的思維，才能找到最有價值的解決方案。在下一章中，我們會繼續為此做好準備。

⏱ 2. 準備解決問題的環境（Where）

司機要在不受干擾、相對安靜的情況下駕駛——這一點是公認的。在乘坐計程車時，有的車上還有提示牌：請勿與司機攀談，或以任何方式干擾司機駕駛。但是在解決問題時，我們容易忽略環境的影響，或乾脆跳過解決問題地點的選擇。你可能見到過，有的人在嘈雜的餐館裡解決問題，有的人在人流不斷的商場裡解決問題，有的人甚至在大馬路上解決問題……

混亂和極度公開的環境，是解決問題的一大障礙，選擇這樣的環境往往意味著我們沒有嚴肅對待需要解決的問題。無論你想解決的是自己的還是他人的問題，都請慎重選擇地點。同一個問題，在馬路上解決和在會議室解決，最終的效果可能存在天壤之別。

在閱讀本書時，我非常希望你能在一個不受干擾的環境下與自己對話。**請你務必在此時及今後打開本書前，準備一張白紙和兩支彩筆**，並在接下來呈現的視覺化圖表中隨時勾畫，把自己解決問題的痕跡保留下來——這將是一筆重要的財富。

☺ 3. 準備解決問題的時間（When）

　　當準備出行時，我們一般都會為乘坐交通工具預留出足夠的時間，也會考慮到路上擁堵的情況，提早出發。因為我們很了解：從出發地到目的地必然需要一個過程，必然需要支出時間成本。但在解決問題時，我們往往想「立刻」、「馬上」、「瞬間」就使問題煙消雲散，寧可拿出半天時間用於內疚或憤怒，也不捨得留出整塊的時間用於解決問題。

　　其實，解決問題就是從現狀走到方案的過程。如果你能像出行一樣，也為每一個問題預留出整塊的解決時間，那麼你就已經開始將問題納入管理中了。一般情況下，從確定問題到找到解決方案需要 0.5～2 小時，並不會占用你過多的時間。但往往就是這短暫的數小時，會在未來為你贏得更多時間。

☺ 4. 準備解決問題的初心（Why）

　　在啟動汽車的那一瞬間，你一定知道自己的目的地是哪裡，或許你還會打開導航，按照指引到達那裡。但輪到解決問題，尤其是在與他人一起解決問題時，我們容易在爭論中忘記這次溝通為什麼開始，忘記問題解決到哪一步了，甚至不知不覺地開始解決別的問題，忘記了解決問題的初心。

　　有的團隊一開始想解決研發效率不高的問題，卻在你一言、我一語的爭論中，開始解決推卸責任、在背後說成員壞話的問題；有的夫妻一開始想解決孩子成績下滑的問題，卻最終演化成指責對方不會教育孩子、不顧家的問題。

　　許多情況下，一個問題確實會牽扯其他問題；但作為問題管理者，

你要了解「無法在同一時間解決所有問題」，你會在溝通前確定要解決的具體問題，並全程秉持「一次只解決一個問題」的原則，堅守初心。

也許你會在溝通過程中發現其他的重要問題，沒關係，你可以將它們記下來，並選擇在其他時間一一善待它們。

☺ 5. 堅守解決問題的原則（How）

如果你坐在副駕駛的位置上，發現司機開車時並不專注，一會兒看手機、一會兒聽語音，時刻想著接其他的單，你可能會後悔坐上這輛車。

實際上，解決問題和開車一樣，都需要「駕駛者」心無旁騖——**在每個時刻，都只聚焦於一步**。比如此刻是制定方案的階段，我們就只聚焦於方案，不想任何其他方面，這也是本書一直提倡的原則。

- 在確定問題時，只確定問題。
- 在分析關係人時，只分析關係人。
- 在量化現狀時，只量化現狀。
- 在確定目標時，只確定目標。

別擔心，你也許不必等到讀完全書後才使問題得到解決。有可能讀到第 2 章，你就解決了一些困擾自己已久的問題；讀到第 4 章時，你已經成功解決了五六個問題。

不過還是請你盡可能按照本書的講解順序，一章一章地閱讀。前面的每一步都將為後面的步驟做出必要的貢獻，不會有任何浪費。**這不僅是找到最佳解決方案的辦法，也是解決問題的最短路徑。**

如果你現在時間緊張，請不要急著把本書讀完，你可以另尋時間、換種心情，在最合適的時機重新打開它。

為什麼要先善待情緒，
再解決問題？

在棘手的問題面前，人們往往並不了解情緒的力量，任由情緒處在
「自動駕駛」狀態，簡單地回應外部事件。但正如德國哲學家阿爾
貝特 · 施韋澤（Albert Schweitzer）所指出的：「成功並非是通
往快樂的鑰匙，快樂是打開成功之門的鑰匙。」

在這一章中，你將了解如何把情緒問題與實際問題分開管理，DIY
實用、高效的情緒管理工具，用「金色信念」取代「灰色信念」並
以此武裝自己，讓解決問題成為一件幸福的事。

1. 快樂還是悲傷，取決於你頭腦中的「秘密加工廠」

對於「先處理情緒，還是先解決問題」，經常有兩種聲音。一種聲音是：必須先解決問題，因為壞情緒就是問題造成的，問題不解決，情緒也好不了。另一種聲音是：先處理情緒，因為良好的情緒是解決問題的前提條件。對此，你又有怎樣的想法？

你可能見過，不少人一邊處理糟糕的情緒、一邊解決複雜的問題，情緒激動、相互爭吵，好像誰的聲音大誰就有道理，誰的聲音大誰就有權威。在不斷爭吵的過程中，氛圍越來越糟糕，大家的情緒越來越激動，問題也逐步升級。

在日常生活中，情緒對解決問題的重要意義很容易被忽略。我把下面這張圖稱為**「情緒──問題連通器」**。通常情況下，當問題的解決有了眉目時，人們會感到高興，隨著解決進度的推進，人們的成就感也會越來越強，就像為「情緒─問題連通器」的左側加水，右側的液面也會跟著上升一樣──但這只是一半的真相。

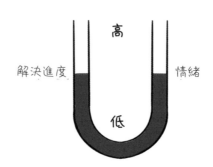

　　事實上，當你為右側加水時，左側的液面也必然會上升並與右側齊平。你的情緒越好、越穩定，問題就會解決得越好、越快，這是因為「情緒問題」與「實際問題」相互連通，它們彼此牽動。

　　請你回憶一下，曾經有沒有問題在你情緒不好的情況下得到了妥當的解決？

　　解決問題並不是一件簡單隨意的事，而是一個複雜的邏輯思考過程。人在什麼情況下才能進行邏輯思考呢？如果孩子的心情很糟糕，他能解出複雜的數學題嗎？如果員工的情緒很不穩定，他能否完成一項高難度的任務？

　　神經科學家約瑟夫・勒杜（Joseph LeDoux）言簡意賅地指出：「由情緒系統通往認知系統的連接，比由認知系統通往情緒系統的連接更加牢固。」

　　我們每天都會經歷喜、怒、哀、樂、悲、恐、驚等情緒。情緒本身沒有好壞之分，它反映我們本能地喜歡什麼、不喜歡什麼。但在解決實際問題時，如果一個人的情緒像雲霄飛車一樣，他將很難順利推進縝密的邏輯思考；如果我們沒有善待自己或他人的情緒，想要與他人坐在一起共創解決方案就會難上加難。

　　大量問題解決的實踐表明，只有把情緒問題和實際問題分開管理——**先善待情緒、再解決問題，才能真正釋放問題背後的價值**，讓解決問題成為一件幸福的事。

　　那麼，情緒和問題之間到底有怎樣的聯繫呢？

　　當問題出現時，委屈、焦慮、內疚、憤怒、抓狂、絕望等情緒也容易緊跟著出現，從表面上看，的確是問題直接引發了情緒。

- 剛洗完車就下雨了，我能不生氣嗎？
- 他故意不配合我的工作，我能不發火嗎？
- 在一個職位上努力了 3 年還沒晉升，我能不焦慮嗎？
- 我講了好多遍，他還是犯同一個錯誤，我能不憤怒嗎？
- 孩子都被請家長了，我還能淡定嗎？

也就是说，具體問題一出現，它所對應的情緒就會跟著出現，我們通常認為這是合理的。

- 問題 1 → 情緒 1。
- 問題 2 → 情緒 2。
- 問題 3 → 情緒 3。

然而，你在過往的經歷中是否發現：不同的人對待同一個問題，情緒表現可能不盡相同？同一個人在不同時期，對待同樣的問題也會有不一樣的情緒？

這意味著，我們的情緒並不是由具體事件直接引發的。那到底是什麼在左右我們的情緒呢？美國心理學家阿爾伯特 · 艾理斯（Albert Ellis）創建的情緒 ABC 理論給出了一個值得我們借鑑的答案。

在情緒 ABC 理論中：

- A（Activating event）是指誘發性事件，即「問題」；
- B（Belief）是針對此誘發性事件產生的信念，即對這一事件的看法、解釋和評價；
- C（Consequence）是指情緒結果。

人的情緒結果 C 不是由某一誘發性事件 A 本身引起的，而是由人對這一事件的看法、解釋和評價 B 引起的。

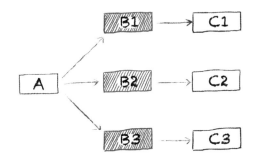

正如圖中所示：

- 對於同樣的事件 A，通過 B1，就會得到情緒結果 C1；
- 對於同樣的事件 A，通過 B2，就會得到情緒結果 C2；
- 對於同樣的事件 A，通過 B3，就會得到情緒結果 C3。

B 就像是 A 和 C 之間的「加工廠」，它用我們的看法、解釋和評價為 A 加工，最後產出情緒結果 C。很多情況下，我們只能看到水面之上的具體事件和情緒結果，忽略了水面之下還有一個「秘密加工廠」——**它恰恰就是我們管理情緒的入口。**

2. 找回美好情緒：用「金色信念」 取代「灰色信念」

這個秘密加工廠的內部到底發生了什麼呢？它是以怎樣的原則加工的呢？

　　人是有語言的高級生命，思維借助語言而進行。普通人每天會在腦海裡閃過成千上萬句語言，但除非出現嚴重問題，我們幾乎不會特別留意這些語言的存在。就像呼吸是人的頭等大事，一個人一天要呼吸 2 萬多次以維持生命。但除非呼吸困難或出現空氣污染，我們幾乎不會留意到這一呼一吸的力量。

　　你或許認為人類是通過具體行為來改變世界的，或覺得只有「說出來的語言」才值得留意，「腦海裡的語言」只是走個過場。但事實並非如此。塑造你的生活的不是別的——正是這些腦海裡的語言，構成了人與人之間最大的差別。如果有一台答錄機能把腦海裡的語言錄下來，你就會發現有的語言一閃而過，有的語言反覆出現，有些負面的語言可能自己都不願意再聽。實際上，每一句語言都不是無意義的，都對你有影響。

　　其中，反覆出現在你腦海裡的語言，力量非常強大。**因為在你腦海裡不斷重複的語言，就是你的信念。而信念絕不僅是一個人所掌控的想法——信念是能掌控人的想法。**

　　你每天重複的語言、你所秉持的信念，就是這個秘密加工廠運行的原則。因此要想解決問題 A，並在過程中獲得「好的感受」C，你就必須改變那些阻礙自己達成願景的信念 B。

　　試想一下，如果一份食物腐爛、發霉了，你一定不想碰它，更不會反覆咀嚼；但有些信念已經「發霉」了，你不一定察覺得到，甚至還會反覆品味它。因此我們需要做的，就是找出那些「發霉」的信念，用新鮮、健康的信念取代它。為了幫助你直觀地區分這兩類信念，**我們把偏向消極、被動、僵化的思維稱為「灰色信念」，把偏向積極、主動、有創新性的思維稱為「金色信念」。**

　　下面這張「信念轉換表」在 KSME 問題解決課堂上非常受歡迎，你不妨也嘗試利用：在遇到問題時，請你先從左側第一列選擇與你的想法一致的信念，再看向與之對應的「金色信念」，用金色信念替換灰色信念，完成一次信念的轉換，從中體驗不同的信念給你帶來的不同感受。

信念轉換表

灰色信念	轉換	金色信念
問題必須馬上解決	→	方向永遠優於速度
Ta 不應該這樣想問題	→	每個人都可以有自己的想法，你可以和我不同，我也可以和你不同
Ta 必須聽我的	→	每個人都最了解自己的情況，人人都會為自己做出當下最好的選擇
Ta 必須先改變	→	首先改變的人最有力量，改變自己才能影響他人
Ta 沒有希望了	→	人人都渴望成長，Ta 只是暫時遇到了困難，每個人都有不可估量的未來
我是對的，Ta 是錯的	→	解決問題不是搜索「罪犯」，而是尋找「盟友」的征程──不做裁判做夥伴
Ta 必須承擔責任	→	我能為此貢獻什麼
Ta 對不起我，我不能原諒 Ta 的錯誤	→	人人都有局限性，我不應停留在昨天，原諒他人就是擁抱未來
他們都比我強	→	每個人都是獨一無二的，人人皆有所長
我失去了很多，沒有希望了	→	我擁有很多（資源、機會、優勢等），可以從頭再來
出現問題太倒楣了	→	出現問題是常態，問題也是機會

灰色信念	轉換	金色信念
好後悔啊，要是……就好了	→	我是一個幸運的人，一切都是最好的安排，如果現在不是，未來也一定會是
事情都這樣了，我能不生氣／絕望嗎	→	我才是情緒的主人，我可以轉換自己的信念
我不得不…… 我迫不得已…… 我別無選擇……	→	任何時候，我們都有選擇的權利和自由，擁有多種可能
這個問題無解了	→	為了解決問題，我一定可以做點兒什麼
我現在心情很差	→	我要如何讓自己的心情變好呢
先拖著吧，反正做什麼都沒用	→	如果現在就可以做點兒事，那會是什麼事
我／ Ta 進步得太慢	→	一系列小的改變，足以帶來大的改變
擔心自己搞砸某件事，對未來感到焦慮	→	把擔憂變為祝福——我是自己人生的總導演

當你看向「金色信念」列時，你的情緒是否比看向「灰色信念」列時更好，並且感到自己在問題面前更有力量？**這是因為美好的信念無法與不好的感受在一起；同樣，好的感受也不可能與不好的信念同時存在。**

　　如果你想讓美好情緒成為自己人生的主旋律，金色信念將成為你最好的「武裝」之一。無論遇到什麼問題，請第一時間讓這些強有力的信念為你保駕護航。不過，轉換信念並不是一勞永逸的事。我們的信念會受到外界的影響，不經常清掃也會產生灰塵——這就是把那些消極、被動、僵化的思維稱為「灰色信念」的原因。

　　每個人或多或少都有灰色信念，我們要時刻注意，在遇到問題時不妨問一問自己：**此刻我的腦海裡是什麼顏色的？**不用著急，等到腦海裡

是一片金燦燦的顏色時，再開始解決問題的旅程——這將使你事半功倍。當有一天金色信念成為你的「慣性設置」時，你就成了一名真正的問題管理者！

3. DIY 你的「情緒管理工具包」：是時候切換鏡頭了！

有人說：「我來不及轉換信念就生氣了！」的確，人一旦出現負面情緒，就容易一步步陷入其中，從一開始的委屈、傷感，逐漸走向憤怒甚至絕望，想不到自己能用什麼辦法脫離情緒困境。

實際上，每個人都經歷過各種情緒，甚至在一天之中就有很多不同的情緒體驗。**這也意味著，每個人都積累了許多處理情緒的經驗，包括小孩子。**但是，很少有人會去整理自己的經驗，儘管這種整理對未來情緒的管理而言極有價值。需要注意的是，我們不能等到壞情緒出現了才臨時思考自己有什麼應對的妙招，因為那時的我們忙著生氣、忙著處理實際問題，無暇顧及用什麼方法可以找回平靜和歡樂。因此，整理情緒管理經驗的工作要在平時進行，即未雨綢繆。

所以，不如現在就 DIY 一個你的個性化「情緒管理工具包」吧！請你先在一張紙上寫下「情緒管理工具包」7 個字。然後思考一下：在過去出現負面情緒時，你是採用什麼方法來平復情緒的？你在做什麼事情時、和誰在一起時、在什麼場景下感到放鬆且愉快？

別擔心，這並不是在「逃避」問題，而是為了把自己的情緒調整到最佳狀態，進而更好地管理問題。請儘量把你能想到的方法都紀錄在紙上。每個人都有最適合自己的情緒管理方式，下面這些是 KSME 問題解決課堂上學員們提到的小工具。如果你覺得其中某些值得借鑑，也可以把它們加入你的工具包中。

- 到戶外走一走、吹吹風。
- 躺在草坪上望向藍天。
- 在大自然裡放聲歌唱。
- 買鮮花／買衣服／買菜。
- 到樓下打場球。
- 出門扔垃圾。
- 吃某某品牌的甜品。
- 把吐槽的話寫在紙上。
- 用吸塵器拖地／整理房間。
- 逛博物館、紀念館、美術館。
- 聽 TED 演講。
- 看脫口秀／看電影。
- 揉一揉自己的寵物。
- 去寵物店「擼」貓／「擼」狗。
- 睡個懶覺。
- 深呼吸、腹式呼吸。
- 聽音樂或冥想。
- 洗個熱水澡／泡溫泉。

- 親手給自己做一頓美食。

- 聽音樂或騎自行車。

- 做手工／畫畫。

- 看看地圖，決定下一次去哪兒旅行。

- 爬山，登高望遠。

- 看一看小時候的照片。

- 和親密的人緊緊擁抱。

- 找積極、快樂的人一起喝茶、吃飯。

　　總的來說，如果負面情緒比較嚴重，你就需要暫時遠離會讓你產生這種情緒的地方或事情——主動轉變場景。你是自己生活的總導演，你可以決定你的電影何時切換鏡頭。**悲劇和喜劇通常不會在同一個鏡頭裡出現，只有切換到新的鏡頭，才會有新的故事發生。**

　　現在，請從你的「情緒管理工具包」裡選擇 6 個最適合你當前狀態的工具，填入下面的「情緒管理工具卡」中。

情緒管理工具卡

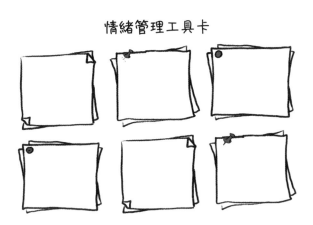

在填寫這張卡片時：

‧你可以換一種讓人放鬆的字體，用可愛的方式書寫；

‧你也可以用卡通畫來表示這些工具，讓這張卡片充滿創意；

‧你還可以在上面寫幾句祝福自己的話語，不妨感性一點兒；

‧完成後，你可以把這張卡片剪下來，貼在臥室裡或隨身攜帶。

這張卡片在什麼時候會派上大用場呢？

壞情緒來時如洪水猛獸，會迅速席捲我們的身心，很多令人感到後悔的語言和行為，都是在情緒快速惡化時出現的。

如果你感到自己的情緒越來越糟糕、自己越來越生氣／委屈，請先不要忙著解決問題，這時你可以對自己說：「出現問題沒關係，先讓條件反射停下來，先不要讓情緒處於『自動駕駛』狀態，先不要採取行動——要『慢半拍』。」

有時，僅僅停下 6 秒，就足以讓你在這個短暫的時間視窗想起情緒管理工具卡。當你感到委屈、生氣、焦慮時，你就把這張卡片拿出來看一看，或是用它捂住胸口……也許一想到這個過程，你就被溫暖了，心情就變好了。

需要特別提醒的是，這張卡片不是一成不變的，需要定期更新：保留最適合自己的工具，補充新的工具，刪除不再適合自己的工具。

4. 別再説「不錯」、「還行」， 讓口頭禪更新換代

「今天過得怎麼樣？」在 KSME 問題解決課堂上，我經常會這樣問。

大多數人的回答是：「不錯」、「還行」、「挺好」、「還可以」……雖然這些詞語都在表示「今天過得好」，但是你從中感受到「好」了嗎？

無論你是否感受到，他們都在用這些形容感受的詞語，講述自己的人生故事。**你想讓自己的人生故事裡充滿「湊合」、「不錯」、「還行」，還是充滿「棒呆了（形容好到無以復加）」、「太幸福了」、「真是令人喜出望外」、「精彩得無與倫比」？**

現實生活中，我們往往「不捨得」用後一種形容詞，甚至「不敢擁有」這種程度的快樂，潛意識裡覺得：

- 好像還沒那麼好，還沒好到極致；
- 我還有這麼多問題要解決；
- 我還有那麼多壓力要面對；
- 按理説，我不應該那樣開心；
- 老話説「樂極生悲」，我不能喜形於色；
- 我不值得／我沒有資格，這對我來説是奢侈的。

請別誤解，當你説「棒呆了」、「太幸福了」時，不是在「誇張」，而是在「主動強化」你的美好感受——也就是讓生活碎片裡出現的美好情緒，最大化地發揮正面作用。

要想解決困難的問題，我們首先要把心理能量提到一個很高的層次；

要想讓自己的人生故事變得美好，我們必須把美好情緒捕捉到、留下來，並把它推向高潮！

是時候換一套新的口頭禪了！我為你設計了一套有趣的「棒呆了詞彙卡」，裡面有你喜歡的詞語嗎？在最後一張卡片裡，你可以加入有創意的口頭禪──凡是讓你感到美好、愉悅的詞語都可以。現在請你做一個實驗，把你今天所說的「還行」、「不錯」、「挺好」都換成「棒呆了詞彙卡」中的詞語，看看會發生什麼。

「『棒呆了』的提法我是第一次聽說，起初覺得有些尷尬，內斂的我很少用這麼誇張的詞」，一位朋友說道，「但當我第一次說出口的時候，這個詞竟變得非常親切！是呀，為什麼我不可以更熱烈和活潑一些呢？面對生活，我為什麼不能放飛自己，去熱烈地擁抱它呢？」

如果條件允許，最好的方式就是和親密的人一起換口頭禪。你不妨邀請自己的伴侶、孩子、父母或朋友一起看看這張「棒呆了詞彙卡」，選出你們最喜歡的幾句口頭禪。

當你問 Ta：「嗨，今天過得怎麼樣？」

Ta 反應了一下：「不錯……哦不，是棒呆了！」

「哈哈哈，祝賀你，我的一天也是超乎想像的棒！」

「我今天做的菜怎麼樣？」

「不瞞你說，真是好吃極了！」

當你們把口頭禪更新換代後，這些好玩的詞語將成為你們之間的「哏」，能增加互動的樂趣，營造更具支援性的人際環境。在第 4 章中，你將進一步理解這樣做的意義。

需要澄清的是，這些詞語並不是在「拒絕承認」壞情緒。當你有糟

糕的情緒時，「信念轉換表」、「情緒管理工具包」會幫助你接納情緒，重歸平和、自在──這也是我們在生活中大部分時間的狀態。

　　「棒呆了詞彙卡」只有在你情緒比較好時才能發揮效用──**它不是在「強制」你從不快樂變為快樂，或假裝快樂，而是在「強化」你已有的快樂。**只要你能在一天中用它 3 次，就會為自己的生活帶來很大的變化！

棒呆了詞彙卡
Fabulous Vocabulary Card

太幸福啦！
Happiness runs over!

喜出望外！
Overjoyed!

高興得
不得了！
Such cheerful!

好酷呀！
That's awesome!

棒呆了！
That's fabulous!

心花怒放！
Ecstatic!

太有樂趣啦！
Too much fun!

真是太了
不起啦！
So great!

　　「棒呆了詞彙卡」還有一個配套的情緒管理工具：「棒呆了日記。」這種日記比較特殊，它只負責紀錄你一天中感到開心的 3 件事情。

棒呆了日記

　　每天的日記可以非常簡短，簡短到只有 3 句話。但是你需要用到「棒呆了詞彙卡」中的詞語，在腦海中完成一次普通話語的華麗轉變。

　　‧今天早上天氣不錯→今天早上的天氣真讓人感到幸福啊！

　　‧中午的飯好吃→食堂的糖醋排骨美味得不得了！

- 準時下班了→我雖然遇到了困難，但依然在下班前完成了所有工作，這真是值得慶祝的事情！
- Ta 笑得挺好看→在我心裡，Ta 今天的笑容真是非常有魅力！
- 今天過得還可以→今天真是充滿樂趣的一天，真是令人喜出望外的一天！

有的朋友堅持寫了一週「棒呆了日記」後，驚喜地告訴我：「太神奇了，我發現 3 件事情根本不夠我寫！昨天我的手機不小心掉進了廁所，以前我肯定會超級生氣和內疚，可現在我卻下意識地説了一句『好酷啊，舊的不去，新的不來』！説完自己『噗哧』笑出了聲，平靜又開心地去修手機了。原來生活還可以過成這樣！」

留意好的情緒，並用「說出」和「寫下」的語言強化它們，是 KSME 情緒管理中的關鍵環節。這個環節中發揮作用的機制並非心理暗示──我們腦海裡的語言絕不只是走個過場而已，它直接構成了我們的生活本身。

> 幸福不是偶然的，也不是你希望的那樣，幸福是你設計的結果。
> ──吉姆・羅恩（Jim Rohn）

所以，請敢於快樂、大膽表達，不要吝嗇你的「溢美之詞」。畢竟，你正在用它講述自己精彩、豐富的人生故事。

第 3 章

把所有問題攤在桌面上
——選出你的「問題之王」

雖然每一個問題的背後都蘊藏著機會，但如果一個人同時思考很多問題，問題的大小不分、嚴重程度不分，誰的問題不分，什麼時候的問題不分⋯⋯這樣一不小心，就會用小問題打敗大問題，用別人的問題打敗自己的問題。

在這一章中，你將了解如何為過度思考按下暫停鍵，如何與問題保持最佳距離，如何把所有問題攤在桌面上，通過價值羅盤和緊急重要模型的匹配找到「問題之王」，從而獲得更多掌控感。

1. 開始運用問題清單，
是工作、生活的一次革命

　　一天晚上，一位年輕的 A 先生給我打來長途電話，不停歇地將一段話重複了 1 小時，其間幾乎沒有我插話的機會。

　　在基層工作了 4 年，最近好不容易被調到了管理部門，周圍的人都羨慕我有這樣的機會，但對我來說──噩夢好像才剛剛開始！主管和同事一會兒要這種資料，一會兒要那種資料；我提供的資料也不知道對不對、全不全；主管布置任務時沒有長期規劃，到我這裡時，好多工作難以推動，似乎很多專案都是因為我卡住了，各方催我都催得急。

　　來自公司考核、專案檢查等多方面的壓力，也讓我喘不過氣。好多工作內容都讓我感到亂糟糟的，我忍受不了這種混亂。我本身就性格內向、不善交際，昨天同事 C 和經理 B 在背後說我不能勝任這份工作，被我聽到了，原來我在他們心裡這麼糟糕！

　　而且一週前我剛剛做完闌尾炎手術，一出院就投入工作，感覺很疲勞；女友說我情緒不好，因此總和我鬧彆扭。我要不要離職呢？離職後又能幹什麼？房貸怎麼辦？……

　　他說，這些問題每天都在他腦子裡翻來覆去地轉，使他這兩個月經常徹夜難眠。

　　現在，讓我們看看他講述的這些問題。試想一下，如果這樣思考問

題，問題會有解嗎？

　　在 A 先生的腦海中，第一個問題還未得到解決，第二個問題就又不知從哪兒冒出來了，緊接著第三、第四個問題也跳入腦海……問題連著問題、問題套著問題，由此形成了一個「問題黑洞」，吸引更多問題呼嘯而來……A 先生在不知不覺中就陷入了對問題的「過度思考」。

⏱ 為過度思考按下暫停鍵

　　過度思考往往是「隱身」的，所以我們要發現自己正在過度思考並不容易。一提到「思考」，我們常將它與理性、智慧、知識等積極概念直接聯繫起來，認為思考會使局面好轉。

　　然而，當大量問題在腦海裡長期旋轉時，大腦將因超負荷工作而過於疲勞。過度思考不一定會幫助我們更深入地認識問題，反而會讓我們回想起與當下問題「共鳴」的往事，或引發我們對未來可能無法解決問題的擔憂……最終，我們思考的問題很可能與當下無關，還會為身心健康帶來傷害。

　　《城市詞典》給了「過度思考」一個幽默的釋義：**「搞砸所有事情的最佳方式」**。

　　和 A 先生一樣，我也曾把所有問題裝在心裡，因過度思考而身心俱疲。但問題就是機會，在早期的管理工作中，我開始思考如何**管理問題**，為過度思考按下暫停鍵。

　　於是，一種管理問題的利器──「問題清單」誕生了。這張看似平平無奇的清單，曾為我的工作帶來了一場革命。那時我剛被調任到新的管理職位，由於應接不暇的問題陡增，我決定用問題清單來梳理自己究竟

遇到了哪些問題。

　　我將工作中的每一項挑戰都填入問題清單中，並按照緊急／重要性分類。我每天最有成就感的事情之一就是更新清單：每當一個問題被解決，我就把該問題的狀態從「Open」（待解決）改為「Closed」（已解決）。每次這樣做時，都有一種美妙的成就感從心底生發出來。

　　我發現自己所有的工作幾乎都是圍繞著問題清單進行的，真切感受到了工作本身就是解決問題。

　　很多情況下，尋找問題並把它們羅列出來的感覺十分美好——有點兒**「終於抓到你了」**的意味！從在清單上寫下第一個問題的那一刻起，你就會感到自己在問題面前掌握了更多主動權，對工作有了全新的掌控感。

　　現在，請你也列出自己的問題清單吧！

　　此時此刻，你的腦海裡可能浮現了很多問題，有的是過去的問題，有的是未來的問題，還有的是正在發生的問題……

　　無論是怎樣的問題，別擔心，先把它們都記錄下來。不用考慮先後順序，也無須考慮問題是大是小、是否有可能解決，只管把所有能想到的問題填入問題清單。也許這會花上幾分鐘，但花的這個時間將非常值得，你很快就會感謝現在的你所做的事情。

　　根據喜好，你可以選擇將問題寫在電腦上或記事本上。特別提醒一下：如果寫在記事本上，儘量寫得慢一點兒，做到文字清晰，確保你下次再見到它們還能認出來。

　　此時，你只需要填寫「問題是什麼」這一列的內容。

問題清單

序號	問題是什麼	緊急／重要性	問題狀態
1			
2			
3			
4			
5			
6			
7			
8			
9			
●			
●			
●			

恭喜你，現在你有了一份屬於自己的問題清單，這意味著從現在開始，清單上的這些問題馬上就要被你妥善管理了。如果以後有任何新問題，你都可以隨時補充到清單裡。

看看這份問題清單，你有怎樣的發現？你可以用一些簡單的話記錄一下此時的感受。如：

我感到自己有所放鬆；我感到生活更加可控；我發現有些問題是重複的，可以合併；問題雖然不少，但都被我「納入囊中」了……

問題清單中少了什麼？

現在，你的問題清單中有幾個問題了呢？正在閱讀本書的你可能是一位卓越的職場人士，有充分的責任感、進取心，或許你已經在清單中列出了不少與工作相關的問題。但我想提示你的是，如果問題清單中只有工作中的挑戰，不一定是件好事。我也是在一個「意外」發生之後才發現了這個道理。

在外企工作的前 14 年，工作幾乎成了我的全部。老公只要不加班就會來接我下班，有時我說讓他等一會兒，卻通常拖了一個小時才下樓。拉開車門的時候，我不是問候他，而是正打著電話。到家後吃完飯，我又開始了工作。為了不影響工作，我們曾把孩子送到老家由我媽媽照顧了 3 年……

總之那個時候，工作是我的唯一。

2010 年秋天，我的身體終於「罷工」了。記得那段時間公司剛剛結束合併重組，正在進行流程再造。我連續主持了兩週亞太區培訓工作會議，每天回家都很晚，還要準備第二天的會議內容。在會議結束的第二天，也許是緊繃的神經放鬆了一些，在從會議室回到辦公桌的幾十米長的路上，我感到頭重腳輕，一路搖搖晃晃，摸到座位後就暈倒了。

　　問題就是機會。過去的我只顧眼前的工作，在養病的兩週時間裡，我終於可以對自己的人生進行一次深度思考了──我如何才能健康起來？未來的職業發展方向在哪裡？我的家庭如何變得更幸福？我要怎樣才能為我珍視的人帶來更多歡樂？

　　從 2010 年開始，我的問題清單發生了巨大的變化。我重新定義了問題清單──清單中增加了個人成長、身心健康、家庭建設等問題。這個變化對我來說是一個巨大的突破，它意味著工作和生活中的問題都被納入了「管理」範圍之內。

　　過去，我們通常認為工作就是工作，生活就是生活，**卻忽略了面對工作問題和生活問題的是同一個人**。越來越多的大型企業意識到，員工績效與其個人的身心健康、家庭幸福有直接的關聯。是否承認這一點，幾乎成了衡量企業管理理念是否現代化的標準之一。

　　事實上，工作問題與生活問題本就相互滲透，無法人為地割裂開來，一起解決反而更高效。有時解決了某個工作問題，生活中的一個難題也跟著化解了；又或者解決了某個生活問題，工作也跟著事半功倍。

　　一個有趣的現象是，在清單上羅列問題的時候，幾乎沒有人嫌棄問題多，倒是擔心哪個問題會被遺漏──**這和我們平常對待問題的態度截然不同。**

　　其中的原因在於，大家列著列著就會發現，只有把所有問題都攤在桌面上，清楚地看到自己面對的問題到底有哪些，才有可能把這些問題變成機會。需要注意的是，使用問題清單的一個核心原則是，不在同一時刻解決多個問題，而是**一次只解決一個問題。**遵循這一原則是讓問題清單奏效的關鍵。

☺ 小心，別離問題太近

現在，請你將這份問題清單拿在手上，放在距離你的雙眼 10 公分以內的位置，仔細地看一看它。

你看到了什麼？

是不是感到視野比較窄，難以看全所有問題，甚至還感到有點兒頭暈？

現在，請你站起來休息一下，看一下遠方。看到不能再遠的位置時，保持一會兒。你也可以借此機會放空大腦，讓眼裡、心裡全是遠處的風景，避免過度思考。

接下來，請你再次看向問題清單，但雙眼不要和清單離得太近，保持 40 ～ 50 公分的距離。

你還可以讓雙眼離這份問題清單更遠。此時在你的視野中，清單上的字是不是也變小了呢？

你不妨對著這些問題，在心裡說：「你們曾經都在我的心裡，曾經離我太近，現在我和你們有了一定的距離，這個距離讓我能更清晰地看見你們。」

問題在那裡，你在這裡。當一個人總是背負著問題，允許各種各樣的問題隨時在腦海裡旋轉，他看似是在解決問題，但事實上卻是在擔憂問題、顧慮問題。

和視物一樣，離問題越近，我們就越發感到問題的巨大，越容易失去解決問題的信心和行動的力量。

當我們主動離問題遠一點兒並重新看向問題時，問題看起來就變小了，你就成功為自己賦予了解決問題的寶貴信念與行動力——這就是面對

問題的「**遠一點兒法則**」。

因此，你不必時刻盯著問題清單，每天看一次就可以了。當你有點兒擔心時，你可以想，問題都被記錄下來了，全都在我的掌控之中。

除了空間上的「遠一點兒法則」，還有一個時間上的「遠一點兒法則」，也能幫助你有效擺脫問題帶來的負擔感。

在過去的經驗中，你是否有過當時認為邁不過去的坎兒，後來你卻一一邁過了，一些曾被你定義為「天大的問題」，後來也被你解決了的經歷呢？

展開問題的時間軸，你也可以嘗試這樣問自己：5 天後的我，會怎麼看待這個問題？5 個月後的我，會怎麼看待這個問題？5 年後的我，會怎麼看待這個問題？……

弄丟手機，可真是一件令人焦急又憤怒的事。5 天後，你已經買到了新手機，並把丟失的資訊找回了。5 個月後，新手機用起來得心應手，這時你再看丟手機的問題，它還有那麼嚴重嗎？5 年後，你或許都不記得曾經丟過手機。

當你掌握了空間上的「遠一點兒法則」，問題就被保管在了你的問題清單裡，不再與你如影隨形，這時你是否感到輕鬆一些了呢？

當你掌握了時間上的「遠一點兒法則」，你就不會把問題**壓縮**到一天去解決，而是會用一段時間去「**平攤**」這個問題。試試看，那會怎樣？

2. 讓你糾結的是優先問題嗎？

你或許已經發現，清單中的問題各有各的特點：有的問題看起來比較小，有的問題看起來卻比較嚴重；有的是自己的問題，有的是他人的或者團隊／組織的問題；有的是新出現的問題，有的是歷史遺留問題，有的是會對未來產生影響的問題……

對於你的問題清單，你想先解決上面的哪個問題呢？不妨先把它圈出來，讓自己不僅能想到它，還能真切地看到它。

你是怎樣考慮這個問題的？你選擇這個問題的依據是什麼？請你試著這樣問自己。

- 這個問題緊急嗎？如果不儘快解決會怎樣？
- 這個問題如果得到解決，會產生怎樣的價值？
- 這個問題的解決會促進其他問題的解決嗎？

回答了這 3 個問題後，你想先解決的還是剛才圈出的問題嗎？任何一個問題的解決都需要時間、需要付出，但並不是每個問題都需要被平等對待。有的人同時考慮很多問題，問題的大小不分，問題的嚴重程度不分，誰的問題不分，什麼時候的問題不分……**一不小心，就用小問題打敗了大問題，用別人的問題打敗了自己的問題。**

作為問題管理者，你需要明確哪些問題是重要的，哪些問題是緊急的，哪些問題是需要特別重視的，哪些問題是可以忽略的。

⏱ 把問題放入緊急重要模型

將問題按緊急／重要性分類，是有效管理問題的關鍵一步。我們要

首先解決哪些問題、忽略哪些問題，都能因此直觀地得到答案。緊急重
要模型根據問題的緊急和重要程度，對問題進行排列組合並分成 4 類，
對應 4 個象限。

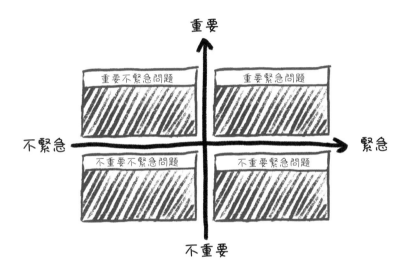

　　第一象限是重要緊急問題，第二象限是重要不緊急問題，第三象限
是不重要不緊急問題，第四象限是不重要緊急問題。

　　但是，怎樣準確判斷問題的緊急性和重要性呢？緊急性是按照時間
的緊迫程度來定義的，相對容易把握。比如：主管突然通知你明天開會；
集團通知第二天交一份報告；剛剛收到一個客戶投訴；你在明天部門會
議上用的發言稿還沒準備好；你負責的重大專案已經比計畫延遲了兩週；
孩子與同學爭吵，老師讓你馬上到學校去……

　　這些問題看起來都比較緊急，你一定很容易做出判斷。但是，「重
要性」卻不是一目了然的。有人說主管交辦的都是重要的，有人說需要

馬上完成的都是重要的，有人說老闆要檢查的都是重要的，有人說客戶
需要的都是重要的……對於「重要性」，你的定義依據是什麼呢？問題
重要與否，在於這個問題被解決後會帶來什麼樣的價值。但對於價值，
每個人都有自己的定義。

　　如果你還沒有仔細思考過自己對價值的定義，沒關係，現在開始吧！

　　很簡單，你需要一個價值羅盤，它就像汽車的方向盤一樣，能幫助
你掌握方向。試想一下，如果你在思考問題的重要性時，心裡有桿秤，
能形成一個穩定的判斷標準，你就找到了工作和生活的重心，不會人云
亦云、左右搖擺，以致失去方向。

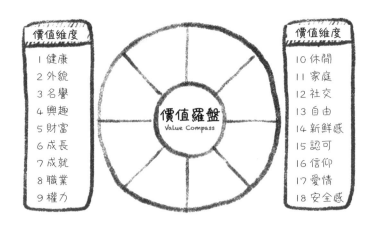

　　首先，請你在上面的價值羅盤中填寫自己最看重的 8 個價值維度。
在羅盤兩側，我已為你提供了一些可供參考的價值維度，當然你也可以
增加你看重的任何一個維度。

　　完成填寫後，你就已經通過價值羅盤把看重的價值維度清晰地視覺
化了。

接下來，如果讓你選擇放棄其中 1 個價值維度，你會選擇哪一個呢？

請你先從 8 個價值維度中去掉 1 個，並把對應的那一塊塗黑。你可能稍有糾結，但很快也能選出來。

請你繼續從剩餘的 7 個價值維度中去掉 1 個，並把對應的那一塊塗黑。你會去掉哪一個呢？

請你再斟酌一下，從剩下的 6 個價值維度中去掉 1 個，並塗黑對應的那一塊。

以此類推，最終僅在價值羅盤中保留 3 個價值維度。

現在，你的價值羅盤中只有 3 個價值維度沒有被塗黑。請仔細看看它們，這些才是你最看重的價值維度。

當你凝視這 3 個價值維度時，你有怎樣的感受？在日常生活、工作中，你曾為它們做過什麼？你是否曾在忙碌中忽視了它們？

一個孩子不愛上學，每天沉迷遊戲，在他過去的價值羅盤中，遊戲是最重要的。一家即將上市的公司的總經理，他的孩子退學了，而且出現了嚴重的心理問題，他的太太每天以淚洗面，懇請他關心家庭和他本人的健康。我請這位總經理填寫他的價值羅盤，猜猜他寫的是什麼。

他只寫了一條：公司上市。他說沒有什麼事情比公司上市更重要，解決公司上市的問題是他的全部。他的另一句話讓我更加震驚，他說自己經常感到身體透支，但這都不重要，即使自己累倒在職位上，也一點兒都不後悔。

這樣的價值羅盤，會把他帶到哪裡去呢？

在剛剛填寫價值羅盤的過程中，你是否對一開始填寫的某些內容產生了一點兒懷疑？如果需要修改，你也可以修改一下。

☺ 警惕常見陷阱：誤把緊急當重要

　　此前，你已經對自己最看重的 8 個價值維度進行了排序。所有與這些價值維度相關的問題對你來說都是重要問題。你可以檢視一下，自己的問題與價值羅盤的聯繫——特別是與你最看重的 3 個價值維度的聯繫。

　　如果「健康」在你的價值羅盤中，那麼：

・戒菸／戒酒，是不是重要問題？

・體重管理／合理運動，是不是重要問題？

・養成良好的生活習慣，是不是重要問題？

・管理情緒，提升幸福感，是不是重要問題？

　　如果「成就」在你的價值羅盤中，那麼：

・個人綜合能力的提升，是不是重要問題？

・制定長遠的職業規劃，是不是重要問題？

・自己和團隊績效的提高，是不是重要問題？

・說明主管／同事／客戶解決燃眉之急，是不是重要問題？

　　如果「家庭」在你的價值羅盤中，那麼：

・親密關係的經營，是不是重要問題？

・更好地與子女溝通，是不是重要問題？

・對老人身心健康的關注，是不是重要問題？

・小家庭與大家庭的建設，是不是重要問題？

　　如果「自由」在你的價值羅盤中，那麼：

・規劃相對自由的職業生涯，是不是重要問題？

・擁有更多自己的時間，是不是重要問題？

・讓自己的視野更開闊、思想更自由，是不是重要問題？

　　價值羅盤是幫助我們解決問題的指南針，能確保我們在問題面前不偏離方向。它為我們判斷哪些事更重要提供了依據，也就是**重要問題的判斷依據**，使我們不會因處理緊急問題而放棄對重要問題的管理，甚至使重要問題惡化。

　　如果你對價值維度的排序是健康、家庭、職業、興趣、財富、外貌、社交、新鮮感，儘管這些價值維度對你來說都非常重要，但請小心，**不要在執行中讓「後項」壓過「前項」**。比如，你不會為追求外貌而犧牲健康，不會為迎合社交而放棄對家人的陪伴，不會為了眼下的財富而打亂長遠的職業發展規劃。這意味著，你真正運用了自己的價值羅盤，守護了重要之事。

　　我們經常提到「價值觀」，這個概念看上去很大，實際上，我們對價值維度的排序就是在澄清價值觀。除了個人的價值羅盤外，企業、家庭、團隊也可以畫出相應的價值羅盤──這一步往往是解決組織問題的關鍵。

　　現在，你已經明確了緊急性和重要性的判斷標準，可以**將你的問題清單匹配到緊急重要模型中了**。

　　如果你的問題不是很多，可以把問題直接寫在對應的象限中，這樣會非常直觀。

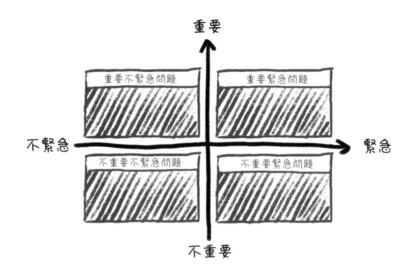

　　如果你的問題比較多，可以回到上文的問題清單中，在「緊急／重要性」一欄根據你的判斷標準填寫，寫出象限的序號即可。

　　做這一步時，請警惕一個常見陷阱：**誤把緊急當重要**。緊急問題確實會讓人感到緊張，容易吸引我們的注意力，把我們迷惑住，讓我們誤以為它們很重要。但請你仔細斟酌，它們往往只是緊急，卻不一定重要。它們是否重要，你可以根據自己的價值羅盤來判斷，如果只依賴直覺，就很有可能混淆。

優先駕馭重要問題，從緊張的節奏裡解脫

　　當把問題清單和緊急重要模型匹配後，你有怎樣的發現？你是否發現，重要緊急問題的占比較大？

　　你是否發現，重要不緊急問題的占比較小？

你是否發現，有些令你心情不好的問題，好像是不重要不緊急問題？

你是否發現，你投入很多時間處理的問題，卻可能是不重要緊急問題？或者你從中發現了一個秘密：需要你特別關注的問題不在問題清單裡，比如與價值羅盤中的重要價值維度相關的問題。現在，你可以**把丟失的重要問題加入你的問題清單裡。**

如果你加入了，那麼恭喜你，這是個巨大的收穫，將為你未來解決問題奠定堅實的基礎。接下來，對於問題清單中的問題，你會更重視哪個象限中的問題呢？

- 也許你打算按照這個順序：重要緊急 → 不重要緊急 → 重要不緊急 → 不重要不緊急。

如果這樣排序，那麼你看重的是緊急而非重要，你將被緊急問題纏身，而忽略了重要問題。

- 也許你打算按照這個順序：重要緊急 → 重要不緊急 → 不重要緊急 → 不重要不緊急。

如果是這樣，恭喜你，你遵循了「要事優先」的原則，但這樣排序還是有一個隱患：如果重要緊急問題過多，你仍然會忽略重要不緊急問題。大量案例證明，很多人每天將 90% 以上的時間用於處理緊急問題，只留下很少的精力去解決重要不緊急問題。

> 重要的事情通常不緊急，緊急的事情通常不重要。
> ──德懷特・D・艾森豪（Dwight D. Eisenhower）

一般來講，除了特殊情況或不可抗因素外，重要的事情不緊急，緊

急的事情不重要。**因為重要的事情需要被優先對待，不會等到變得緊急時才引起我們的重視。**

比如，電腦電量不足、即將自動關機，很有可能導致檔案丟失或耽誤要事。對許多人來說這是十萬火急的事，但對你來說就不是，因為你已提前將充電器放到包裡，還為重要文件做了備份，即使電量不足也不會令你焦急、緊張。

又如，遞交專案報告對一般人來說很緊急，但對你就不是。因為你已經在專案進行的過程中充分整理了隨時可供調用的素材，並總結了豐富的經驗，因此撰寫專案報告對你來說就不是一件能令你驚慌失措的事。

再如，你將高品質地陪伴家人放到了「重要問題」裡，與伴侶、孩子收穫了充足的信任和可感知的愛，即使你們之間出現一些摩擦和衝突也會很快解決，不會爭吵不休或冷戰不止。

因此，第二象限的問題尤其需要被你關注。你只有提前做好規劃，預防重要問題變得緊急，才能降低第一象限的緊張程度，讓本不必繃緊的弦一直放鬆。

如果有一天，你能把第一象限的問題更多地**平推**到第二象限，並敢於按照「重要不緊急 → 重要緊急 → 不重要緊急 → 不重要不緊急」這個順序關注問題，那麼恭喜你，你已經成了解決問題的高手，不會為眼前的小問題所困擾，而是能抓大放小、舉重若輕。你會發現，緊急的問題越來越少，有更多的問題處在你的掌控之中，在工作中變得遊刃有餘，在生活中也更加從容。

3. 有的問題需要握緊，
有的問題需要放手

到了這裡，你或許已經漸漸明朗，重要問題比緊急問題更需要被善待，更需要你未雨綢繆，重要問題就是你的優先問題。但第一、二象限的問題不止一個，要首先解決哪個問題、暫時忽略哪些問題呢？

⏱ 篩出影響全局的「問題之王」

解決問題就像解開一個亂糟糟的毛線團，由於問題之間相互捆綁、纏繞，我們在很多時候都摸不到線頭在哪裡，也就無從下手。

有沒有一個問題，解決了它，也能帶動其他問題的解決？有，這樣的問題被我們稱為**「問題之王」**，它往往從優先問題中篩出。

我們先來看看前面提到的 A 先生的問題清單。

・不能獨立完成工作。

・得不到主管的肯定。

・同事和經理在背後議論自己。

・和女友鬧彆扭。

- 手術後健康狀況差。
- 經常徹夜難眠。
- 對職業發展感到迷茫，沒有信心。

在這 7 個主要問題中，哪一個問題是核心中的核心？哪一個問題最需要被優先解決呢？此時，「連線篩選法」或許能幫助你找到答案。

第一步，選出一個問題，如「健康狀況差」，並嘗試像這樣問自己。

健康狀況差，身心俱疲，會不會直接導致工作表現不佳？健康狀況差，沒有充沛的精力，會不會直接導致對職業發展的信心不足？健康狀況差，情緒不好，會不會直接導致和女友的關係變差？等等。如果你的答案是「Yes」，那麼就從健康狀況出發，畫一條箭頭指向對應問題的線。需要注意的是，這條線僅代表「直接」的影響，而不代表「間接」的影響。

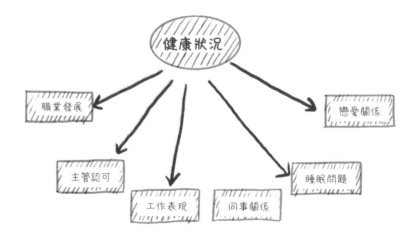

第二步，依次類推，為每個問題都畫出指向另一個問題的線。

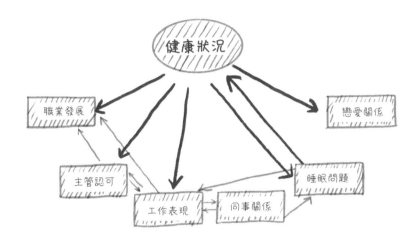

完成後，你有怎樣的發現？你是否發現從某個問題「出發」的線最多？通過這樣的梳理，你找到了最有影響力的問題——「問題之王」。

很多情況下，這個問題的優先解決會直接帶動其他問題的解決。

如果從幾個問題「出發」的線一樣多，那麼你可以參考你的價值羅盤，與排序最靠前的價值維度相關的問題，就可以被視作「問題之王」。

對 A 先生來說，他的「問題之王」就是手術後健康狀況差的問題。此時，他不需要同時考慮多個問題，只需安心解決這個「問題之王」。

A 先生從「問題之王」入手，決定排除其他干擾，首先調整自己的健康狀況。他充分休息、補充營養、適當運動、改善睡眠……

身體狀況改善後，他的情緒也跟著變好，和女友的關係重歸融洽；健康狀況改善後；他也逐漸回到調任前的工作狀態；5 週後，他所負責的專案順利推動，他得到了主管的認可；隨著個人效能的提升，他對未來的職業發展有了充足的信心。全部過程，只花了他一個半月的時間。

一位高科技公司的人力資源經理列出了自己在工作中的問題。

- 跨部門協調難，劃分各部門職責難度大。
- 團隊穩定性差，人員離職帶來很多專案風險。
- 難以設計激勵機制，提升經營績效。
- 難以調整員工在工作低谷期的心態。
- 難以提升自身的領導力。
- 難以縮短新員工的成長週期。
- 難以提升客戶滿意度。

這些問題都非常有代表性，其中有的問題可以合併，但都需要被善待。通過使用「連線篩選法」，這位人力資源經理找到了自己的「問題之王」──「難以提升自身的領導力」。因為她發現：原來每個問題的解決都與自己領導力的提升直接相關。

☺ 面對兩難問題，如何做出「最優選擇」？

如果說我們剛剛探討的是「如何從 A 到 B」的問題，那麼接下來分析的就是「A 還是 B」的問題。

經常有人向我諮詢，是讀博好還是工作好？就業好還是創業好？是去 A 學校好還是去 B 學校好？是當律師好還是當醫生好？……

這些都是事關重大的選擇，特別是當 A 和 B 各有千秋時，做出選擇會格外艱難。兩難問題經常令我們輾轉反側、絞盡腦汁，隨著截止日期的臨近，糾結和焦慮的程度會越來越高。

也許你仔細搜集了兩個選項的資訊，列出了 A 和 B 各自的優勢和劣勢，也進行了詳細的比對，但很可能仍無法做出定奪。

原因在於，我們把選項和人分離了。

牛津大學法理學講席教授魯絲‧張（Ruth Chang）指出，兩難選擇之所以難，不是因為我們看得不夠全面，而是因為**「並不存在最優選項」**。人們通常認為，A 選項和 B 選項之間只有 3 種情況。

- A＞B（A 優於 B）。
- A＜B（A 劣於 B）。
- A＝B（A 等於 B）。

但這只是一種對「價值」的草率設想。試想，假如 A 選項本身比 B 選項本身好，那麼所有人都應該做出讀博士、就業、去 A 學校、當律師的選擇，因為這才是唯一正確且合理的。

但是，價值的世界不等同於物質的世界，A 選項和 B 選項之間還需要引入一個新的維度──同位關係。

「同位」的意思是，選項本身沒有哪一個比另一個「好」，它們都在同一價值範疇裡，具有可比性和**「不同方面」**的價值，而當事人更在乎的價值方面，才是其進行選擇的依據。

我們在只聚焦於選項本身時，就會不斷從外界尋找依據，而忽略了「是誰」在做選擇。儘管我們很反感兩難選擇所帶來的糾結，但正是這些艱難且重大的抉擇，給了我們自主選擇人生道路的自由，使我們成為自己想成為的人，而非隨波逐流。

因此，與其問 A 好在哪裡、B 壞在哪裡、到底是 A 還是 B，不妨問一問自己：5 年後我想有怎樣的經歷？10 年後我想過什麼樣的生活？20 年後我想成為怎樣的人？

之前你已經在價值羅盤中對自己最看重的價值維度進行了排序，而

這種排序正是你此刻做出選擇的依據。

雖然了解了依據所在，但兩難選擇很可能會依然「難下去」，因為當選擇 A 時，你也會考慮到犧牲了 B 的價值方面，而失去的痛苦或許比得到的快樂更刻骨銘心。

但請別忘了，你在價值羅盤中依次去掉了自己最看重的一些價值維度，只保留了 3 個價值維度，這意味著你明確了自己的底線，發現了哪些價值是自己必須守護的。

在此我唯一想強調的是：**沒有一條路無風無浪，不要因為逃避而做出選擇；依據你看重的價值做出選擇，那樣才是無悔的。**

⏱ 忽略該忽略的和重視該重視的，同等重要

我們每個人的時間、精力、資源都是有限的，這意味著我們在聚焦於重要問題或「問題之王」的同時，還要「有所為，有所不為」，**主動放棄**對一些問題的糾結，敢於對問題説「No」。

一位女士因為剛買的絲襪有個線頭，找到銷售人員理論，最後理論演變成無休止地講道理，導致她延誤了當天中午的飛機，錯過了當晚的一個論壇。

一位銷售經理第二天要參加一個產品發布儀式，他本計畫在晚上準備第二天的發言，但同事邀請他參加晚上的部門聚會，他不僅參加了，還喝了很多酒，導致第二天的儀式現場氣氛非常尷尬。

一位新員工因為在工作中出現了一個小小的失誤，始終無法原諒自己，開始自我懷疑、自我否定，失去了在職場上的自信。

一對新婚夫妻在為新房購置家具時，發現忘了帶一張 20 元的購物券。

他們因為爭論是誰忘帶而發生了爭吵，其間說了許多傷害彼此的話，恨不得立刻去辦理離婚手續，忘記了為什麼來家具城。

一位先生送妻子上班，兩人因為在一個路口該往左拐還是往右拐的問題，發生了激烈的爭執，還險些發生安全事故。事實上，兩個路線都能到達目的地，且所用的時間幾乎一樣。

絲襪上的線頭、同事的聚會邀請、工作中的小失誤、忘帶購物券，選擇哪條路線……如果面臨這些問題的人是你，你會將它們放到緊急重要模型中的哪個象限呢？

趕飛機參加論壇、在產品發布儀式上發言、在職場上擁有自信、與伴侶保持親密的關係、行車安全——這5個問題，你又會放到哪個象限呢？

一旦你對第三、第四象限的問題有了高度關注，就容易犧牲對重要問題的管理。事實上，忽略該忽略的和重視該重視的，同等重要。只有敢於放下不重要的問題，我們才能有更多時間和精力，集中解決第一、第二象限的重要問題，釋放這些問題背後的重要價值。

在A先生遇到的麻煩中，「同事和經理在背後議論自己」的問題與「手術後健康狀況差的問題」是否需要被同等重視，是否都是重要問題呢？

同樣，輸掉了一場遊戲，要不要放手？頻繁而無目的的社交，要不要放手？別人做錯了一件事，要不要放手？自己做錯了一件事，要不要放手？有些情況下，放手就意味著解決。

之前你已經在第一、第二象限中找出了優先問題和「問題之王」；現在，你可以嘗試**劃去**第三、第四象限中的部分問題，為自己的問題清單做個減法。

到這裡，我們可以回顧一下緊急重要模型中不同問題的差異化管理

方式。

　　第一象限的問題是重要緊急問題，需要馬上處理，但仍要盡可能平推到第二象限。

　　第二象限的問題是重要不緊急問題，需要提前規劃，尤其要善待。

　　第三象限的問題是不重要不緊急問題，請儘量放手，「有所不為」。

　　第四象限的問題是不重要緊急問題，請儘量忽略；如果難以忽略，也可外包，交由他人解決。

第4章

沒有敵人，每個人都是盟友
——你的問題「與誰有關」

在問題面前，人們最容易忽略的因素之一就是「人」。大量解決問
題的實踐證明，與問題有關的人往往就是解決問題的資源，他們的
角色、意願、能力、經驗通常會為問題的解決「雪中送炭」。因此，
解決問題不是搜索「罪犯」的過程，而是尋找「盟友」的征程。
在這一章中，你將在人際生態圖與關係人圖的協助下，組建並啟動
自己的問題解決專案團隊。同時，你還將明確自己的雙重身分
——重要關係人與問題管理者。

1. 解決問題需要誰：再有能力也不能單打獨鬥

現在請你回想一下近幾天發生的令你印象最深刻的一件事，並嘗試在腦海中把當時的情景呈現出來。此刻，你會想起什麼呢？這件事也許是你在工作中取得了某種成就，也許是家人給了你一份驚喜，也許是你進行了一次有紀念意義的嘗試，又或許這是令你感到不太愉快的一件事，現在回想起來還有些尷尬或者傷感……

無論這件事具體是什麼，此時你腦海中呈現的畫面裡，是不是都出現了「人」？正是這些人的話語、動作、表情，讓你腦海中的畫面變得鮮活。

☺ 看見你的「人際生態」

我們的每段故事，都由人組成，由人演繹。你可能已經洞察到，你的很多次成功都不只是一個人的成功，其中一定有其他人的貢獻；當然，你的很多問題不只是一個人的問題，也與他人密切相關。

這裡提出是「誰的問題」，問題「和誰有關」，絕不是為了推卸責任，目的只有一個——解決問題。

獨立、自強都是可貴的品質，但這不是要求我們在問題面前單打獨鬥。大量解決問題的實踐證明，與問題有關的人，往往就是解決問題的資源，他們的角色、意願、能力、經驗通常會為問題的解決「雪中送炭」。

要想找到並啟動這些資源，我們首先要清點一下自己的生命中到底

出現了哪些人。事實上，你生命中出現的人，特別是每日與你密切接觸的人，直接構成了你的「人際生態」，你們互為環境、影響至深。

　　人際生態就像自然界的生態系統一樣，個體與個體之間持續進行著資訊、情感、能量等方面的交換與流動。每一個與問題相關的人，都處在一個特定的人際生態中，脫離這一背景談論問題，就像離開「海洋」談「一滴水」，很可能會遺失解決問題所需的重要資訊和資源。

　　為了幫助你更好地了解這一點，我設計了一張「人際生態圖」。這張看似平平無奇的圖，曾幫助許多人在問題面前不再孤軍奮戰。

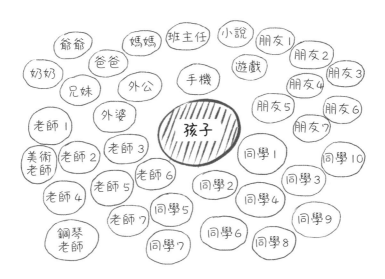

　　上面這張圖，出自一位 8 歲的小朋友之手。看到這張人際生態圖時，小朋友的父母非常震驚，他們原以為孩子生活的環境很簡單、每天接觸的人很少，沒想到孩子竟然寫出了這麼多人，還加上了「手機」、「小說」、「遊戲」。

　　孩子的人際關係已經如此複雜，不難想像成人的人際生態規模將是多麼龐大。

　　在閱讀上一章時，你已經有了自己的問題清單。現在，請你像清點問題一樣，也清點一下你周圍的人，看一看你的日常生活、工作中都出現了誰？誰和你的接觸最密切？他們對你有著怎樣的影響？

　　請你在下面的圓圈中填入他們的名字，並根據與「我」關係的遠近和對「我」影響的大小，由內向外填寫，即關係近、影響大的人放在內圈，其他的放在外圈。

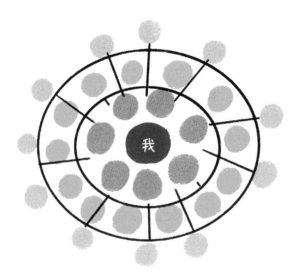

　　在填寫人際生態圖時，你可能發現一時間還填不滿所有的圓圈，或者圖中的圓圈不夠用，你還要多畫幾個。

　　沒關係，**請盡可能把與你接觸較多、對你影響較大、你在乎的人都填進去**，比如你的家人，你的同事，你的客戶，你的朋友，你想進一步接觸的人，等等。

　　需要注意的是，人際生態圖將隨著時間的推移而變化。有的人出現了，後來又漸漸退出了你的生活；有的人也許還沒有出現，但終有一天會出現在你未來的人際生態圖中。這將是一張動態的人際生態圖，每半年更新一次，你就會發現它有不少變化。

😀 從我解決問題，到我們解決問題

　　在 KSME 問題解決課堂上，除了講企業案例，我也會向高管們講孩子們的故事。一些孩子的問題案例往往和企業問題一樣深刻，也很有說服力。

　　小 E 今年 8 歲了，是一個非常懂事的孩子。可是我發現，每當我和他的目光接觸時，他總會躲躲閃閃，不敢正視我，就連在和我說話時也有一種想要逃避的感覺。他主動提出要跟我聊聊，說自己經常因為被批評而感到難過。他數著手指給我計算每天被批評的次數和情形。

- 爸爸批評人最狠，一天批評他 1 ～ 2 次，讓他很難過。
- 外婆不批評人，但經常冤枉他。他說自己能夠理解和原諒外婆。
- 媽媽總愛嘮叨，如果一件事說了 3 遍他還沒反應，媽媽就開始批評他，每天至少批評他 1 次。
- 外公不錯，從來不批評他，但是會強迫他吃東西。如果他不吃，就開始嘮叨。
- 他在學校的情況如何呢？他說兩個同學經常向班導師和各科老師

告他的狀，班導師和各科老師也會因此批評他。

他每天在家裡和學校裡被批評 10 多次，一個月則是近 400 次，那一年下來是多少次呢？近 4000 次！這是小 E 自己統計的資料。

試想一下，如果一位員工每年要面對近 4000 次批評，估計早就辭職了。可是孩子沒辦法「辭職」。

家長和老師也致力於解決這個問題，他們經常向小 E 強調：「你要自信起來，你要做個自信的孩子，做個真正的男子漢。」可他們卻從來沒有考慮過自己的行為對孩子的影響，沒有意識到問題與自己有關，更沒有想過問題還與誰有關。

在人際關係中，他人與我們有必然的關聯，我們對他人也有影響力。將這個看似平平無奇的道理應用在解決問題的過程中，往往大費周章。

- 一口氣裁掉 10 位員工的主管，不認為員工的不負責任與自己分配任務不當有關。
- 習慣萬事包辦的父母，不承認孩子的不成熟與自己過度保護有關。
- 忙於工作的丈夫，不了解太太喋喋不休與自己時常缺乏聆聽有關。
- 相信「棍棒底下出孝子」的父親，不了解孩子的不誠實與他對問題的過激反應有關。

你怪她沒有對你真實，

你給她對你真實的力量了嗎？

——《無問西東》

事實上，無論是誰的問題，最終都不能只依賴一個人的力量去解決

問題。我們需要做的，就是理解人與人之間深刻的聯繫，並找出與解決問題相關的人。**在這張新的問題解決地圖中，我們將與問題相關的人稱為「關係人」。**

對於小 E 來說，問題的關係人是誰？小 E 需要哪些人的支援呢？

- 他有怎樣的想法，誰能聆聽他的心聲？
- 他有怎樣的需求，誰能理解他？
- 他有怎樣的困難，誰能幫助他？
- 他是否感到孤獨，誰能陪伴他？
- 他是否被老師誤會，誰能為他證明？
- 他是否失去安全感，誰能為小 E 營造溫馨的成長氛圍？

一旦找到這些關係人，問題的解決過程就分外明朗了。

畫出關係人圖，找到那些被錯過的資源

之前你已經完成了人際生態圖，直觀地呈現了在日常生活、工作中與自己有關的人有哪些。恭喜你，你完成了非常重要的一步。因為解決不同的問題，會有不同的人來支持你，而你將從這張圖裡找到他們。

接下來，為了解決眼下的具體問題，你需要將圖的範圍縮小——**準確地鎖定解決問題的關係人。**

現在，請回看你選出的「問題之王」。你可以試著這樣問自己：

- 這是誰的問題？
- 誰與這個問題有關？
- 誰會受這個問題的影響？
- 誰能為解決這個問題提供支持？

・誰是解決這個問題的執行者？

・誰是解決這個問題的負責人？

這些問題極具價值，一旦你思考清楚「誰」的問題，解決問題時就將事半功倍。也許你已經反覆思考過這些問題，但關係人圖將把你的思考視覺化，助你直觀地看到問題中的人以及他們之間的關聯。

下面，請你按步驟畫出關係人圖。

❶ 第一步：畫出問題所有者

請你找一張空白的紙，並在紙的中心畫一個圓圈，填入問題所有者的名字。

・如果你解決的是自己的問題，請把你自己放在中心。

・如果你解決的是某個下屬的績效問題，請把這位下屬放在中心。

・如果你解決的是孩子的學習問題，請把孩子放在中心。

・如果你解決的是專案問題，請把專案負責人放在中心。

比如在增強小 E 信心的問題中，小 E 是問題所有者，那麼就需要把他放在紙的中心。

❷ 第二步：列出關係人

圍繞你確定的問題所有者，以 Ta 為中心，列出其他關係人，並用線把他們連起來。這一步的關鍵是盡可能把關係人列全。這並不容易，你需要參考之前完成的人際生態圖，並不斷地追問：「再想想，還有誰呢？」、「我是否遺漏了某位關係人呢？」

如果暫時列不全，以後想到了誰也可以隨時補充進去。需要特別提醒的是，**你想解決的問題一定與你有關，請不要忘記把自己也放入關係人圖中。**

這是小 E 的問題的關係人圖，供你參考。

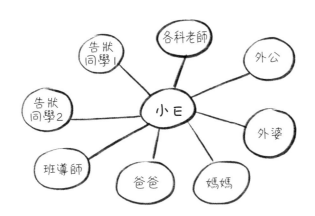

❸ 第三步：找到重要關係人，並用紅色圈出來

重要關係人，就是解決這個問題的關鍵人物，對他們的識別非常重要。

有的問題在關係人圖畫好的同時就被解決了。一位銷售經理的業績一直不理想，他嘗試著診斷了自己的各個方面：專業能力足夠強，溝通能力也很出眾，和客戶的關係也維護得非常好。問題到底出在哪兒了呢？

當畫出這個問題的關係人圖後，他恍然大悟。原來他找錯了窗口，他一直聯繫的客戶並不是能最終做出採購決定的負責人。這位銷售經理借此機會重新梳理了自己的客戶清單，並把注意力放在了重要關係人上面，後來他成為公司該季度的銷售冠軍。

也許你會想，一個有經驗的銷售經理難道連誰是負責人都搞不清楚？問題就出在這裡──**當一個人深陷問題時，他往往看不清問題，「不識廬**

山真面目，只緣身在此山中。」因此，無論日常的瑣事多麼令你忙碌，花點兒時間抬頭看路，都是必不可少的。

　　對於小 E 的問題，誰是重要關係人呢？起初小 E 的媽媽認為，外婆、外公是最重要的關係人，因為他們和孩子的接觸最多。然而，這樣的定位蘊藏危機。姥外婆、外公只負責孩子的生活起居，而教育的責任一定要由父母承擔。需要注意的是，一定是父母「一起」承擔，不能有任何一方缺席。

　　對於小 E 的問題，他們重新確定了 3 位重要關係人：爸爸、媽媽和班導師。其中，爸爸和媽媽可以影響外婆、外公，而班導師可以影響各科老師和同學們。

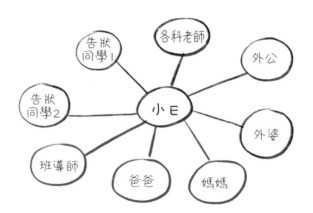

誰是重要關係人呢？一般來講：

・對於孩子的教育問題，父母和老師是重要關係人；

・對於家庭幸福，伴侶和孩子是重要關係人；

・對於夫妻關係，伴侶是重要關係人；

・對於員工的績效問題，主管是重要關係人。

誰是重要關係人並沒有標準答案，根據具體問題、具體場景的不同會有所差異。**現在請你在自己的關係人圖中，找到重要關係人，並用紅色圈出來。**至此，一張清晰的關係人圖已經呈現在你面前，你成功找到了所有與「問題之王」相關的人。

☺ 明確雙重身分：重要關係人與問題管理者

如果你想解決的是**自己的問題**，比如缺少職業規劃、沒時間和家人旅遊、情緒不穩定……那麼在畫關係人圖時，你已經把自己放在了最中心的位置。因為你明確，如果問題是自己的，你就是這個問題的主人，也是最直接的行動者，你一定對這個問題有較強的掌控感。

但是，如果你想解決的是**他人的問題**，比如下屬的績效問題、主管的工作安排問題、客戶滿意度的問題、孩子的教育問題，伴侶不理解自己的問題、父母養老的問題……那麼你對這種問題的掌控感可能會弱一些。因為你在思索，在面對這種問題時，自己可以做些什麼，自己的角色是什麼。

列在你問題清單中的問題，無論是誰的，Ta 都一定是你關心的人，或者對你有影響的人。你想解決的問題，一定與你有關。所以，你一定是這個問題的重要關係人，並且你已經出現在了關係人圖中。

同時，請你明確一個重要事實，除了作為重要關係人，你在問題面前還有另外一個身分。**你不僅是關係人圖中某個圓圈裡的人，也是正在看著這張關係人圖的人──你是問題管理者。**

在解決問題時，最為關鍵、需始終堅持的原則就是，把自己重要關係人的角色和問題管理者的角色真正分開。

如果同事在工作上不積極配合你，你不會想「Ta 是不是針對我，是不是故意刁難我」，作為問題管理者，你會考慮：Ta 是不是有什麼苦衷？如何與 Ta 達成共識？如何與 Ta 建立良好的協作關係？如何解決這個問題？

如果孩子在家裡頂撞了你，你不會氣惱於「Ta 怎麼對我說話這麼沒禮貌」，作為問題管理者，你會考慮：Ta 是不是遇到了什麼困難？我要怎樣幫助 Ta 禮貌地表達自己？如何陪伴 Ta 管理自己的情緒？如何解決這個問題？

不同的身分定位很可能會帶來迥異的視角、思維、能力、包容度。

對問題管理者來說，一個鮮為人知又令人振奮的秘密是**關係人圖中沒有敵人，大家都可以成為解決問題的盟友。**

盟友？你或許有些懷疑，畢竟有的問題似乎就是那個人造成的，是 Ta 惡語相向，是 Ta 不負責任，是 Ta 不做出改變，才導致問題無法解決。

當面臨亟待解決的問題時，人們往往會像搜查「罪犯」一樣，試圖揪出責任人，糾正其所犯的錯誤並對其進行懲戒，可結果往往適得其反。

人們下意識地扮演裁判或法官的角色，不但會使解決過程難以推進，還會造成關係人之間相互推諉、關係惡化。實際上，此刻在你關係人圖中的人都可以成為解決「問題之王」的資源。你把他們畫在圖中，就意味著你認同他們是與問題深度關聯的，是對問題的產生和發展有影響的。

這也意味著，他們每個人都能給你提供不同方式、不同程度的支援，助力你創造性地解決問題，找到最有價值的方案。在之後的第 7 章中，你將更深刻地洞察到這一點。

因此，作為問題管理者，你應時刻提醒自己：**解決問題不是搜索「罪**

犯」的過程，而是尋找盟友的征程。作為問題管理者，你還應明確每一位盟友在問題解決過程中需要扮演的角色。一般情況下，你需要找到以下角色。

- 問題所有者──需要衝鋒陷陣的人。
- 謀士──有能力為問題管理者給予指導的人。
- 標杆──值得學習、借鑑的人。
- 支持者──需要提供支援和幫助的人。
- 相關者──需要參與配合行動的人。

現在，你可以將上面的角色對應自己的「問題之王」，思考一下：擺在你面前的關係人圖中，誰有可能是助你解決問題的「謀士」？誰解決過類似的問題，或許能為你提供有價值的經驗？誰可以帶給你有力的支持，如配合你的行動、營造解決問題所需的氛圍？

這樣看來，其實所有在關係人圖中出現的人都將為解決問題做出貢獻，而此刻呈現在你面前的，就是你的**「問題解決專案團隊」**。

作為問題管理者，問題解決專案團隊是你需要把握的一個新概念。實際上，**這個團隊既可以是真實存在的，也可以是虛擬的。**比如，當你解決企業團隊或自己家庭的問題時，大多數關係人都知道自己的角色定位是什麼，你們構成了一個分工明確的團隊，一起解決一個共識之下的問題。而在有些情況下，關係人並不一定知道他正處於一個問題解決專案團隊中。比如你的「謀士」或「標杆」，他們不必坐下來開會，討論怎麼解決問題，他們甚至不知道你正試圖解決一個問題。

但作為問題管理者，你能把握全局，你深刻地了解這個團隊的功能是解決哪一個具體問題，你有能力把這些關係人納入你的虛擬團隊中，並帶

領他們為解決問題貢獻獨特的價值。你需要經常思考的是，我的團隊為什麼存在？我們為何聚在一起？我們怎樣才能朝著同一個方向前進？

2. 推動問題解決的不是權威，而是關係

在以往解決問題的過程中，你或許也考慮過關係人的重要性，你成功地找到了他們，可仍產生了一些困惑。

- 我感覺只有自己一個人在解決問題，他們怎麼一點兒都不著急？
- 我該說的都說了，可他們根本不聽。
- 我該做的都做了，可問題還是解決不了。
- 他們不認為這是他們的問題，根本不配合我。
- 他們沒有解決問題的正確態度，根本不想與我溝通。

為什麼明明找到了潛在的盟友，他們近在咫尺，可自己仍感覺在孤軍奮戰？為什麼明明組建了自己的問題解決專案團隊，但解決問題依然困難重重？問題到底出在哪兒呢？這涉及解決問題中最常見的問題之一，即**許多人在解決問題時忽略了一個極具影響力的因素──關係。**

😀 管理關係：所有問題都是「對事又對人」

你或許經常聽到「對事不對人」的說法，解決問題不就是解決問題嗎，

強調什麼關係？的確，「關係」這個詞很容易令人誤解，讓人聯想到拉幫結派、利益往來。但這裡所說的關係，是指**人與人之間深層的連接。**

　　需要注意的是，不是和對方有物理上的接觸就是連接，不是在辦公室挨著坐就是連接，不是在一個屋簷下生活就是連接。這裡所說的連接是指你們彼此間的理解、共情、信任與協作關係，也就是**一種經得起問題的考驗、能夠在一起解決問題的關係。**

　　此刻，關係人圖中的人構成了你的問題解決專案團隊。你一定很明確，團隊的功能是一起解決問題，釋放問題背後的價值。但有的團隊（企業、家庭）中的人都足夠優秀，卻始終無法實現這樣的功能，這與系統論中的一個公式有關：

$$S = \{E，R\}$$

　　系統（System, S）是由要素（Element, E）和關係（Relation, R）組成的集合。其中，要素間的關係產生了系統的結構，結構直接決定了系統的功能。簡而言之，關係決定結構，結構決定功能。幾年前我在海南旅遊時發現，買散裝珍珠的人很少，但是由大小和品相都與之相當的珍珠組成的項鍊卻非常搶手，而從散裝珍珠到珍珠項鍊的重要一步就是多了一根線。

　　恰恰是這根線改變了珍珠之間的「關係」，使它們組成了一個系統，強化了單個珍珠的佩戴使用價值和收藏價值。同樣的珍珠可以組成不同樣式的項鍊，也可以組成精緻的手鍊，實現不同的系統功能，而這一切都源於珍珠間「關係」的改變。

　　大量解決問題的實踐證明，幾乎每一個問題都離不開關係，很多情況下我們需要先解決關係，再解決問題。

　　在跨部門協作時，我們可能會想：按流程，Ta 理應配合我，Ta 憑什麼拒絕協作？在家庭中，我們可能會想：按輩分，Ta 理應聽我的，但 Ta 怎麼就一意孤行？

　　人非機器，被輸入了指令就能按部就班地執行，人有自己獨特的感受、豐富的思想，這導致**推動問題解決的往往不是權威，而是關係。**

　　在 KSME 問題解決課堂上，我經常反覆提示大家：**敬畏關係**，無論對方是你的員工、你的孩子、你的愛人，還是陌生人。然而關係問題在很多企業、家庭中並沒有得到足夠的重視，特別是在棘手的實際問題面前，關係很容易被忽略。

　　一個主管為了推進專案，開會時當眾責罵了兩位骨幹員工，試圖用這種方式來激勵員工提高效率。可此後，這兩位員工總是回避與主管正面溝通，專案不僅沒有提前完成，還一拖再拖。

　　一位父親為了讓孩子學會珍惜糧食，只要孩子在吃飯時掉了一粒米，就用筷子打一下孩子的手。於是孩子每次上桌吃飯都戰戰兢兢，經常邊哭邊吃，在身體發育期開始厭食。

　　只顧解決問題，而不關注人的感受、人的意願，是解決問題最常見的誤區之一。換言之，我們用問題打敗了關係。

也許問題暫時得到了解決，但受傷的關係會帶來一系列負面效應和長期影響，使問題越解決越多，越解決越棘手，由此陷入惡性循環。

我曾見過由能力非常出眾的個人組成的專案團隊，因相互猜疑而瀕臨解散；也曾見過由所謂的「非精英人士」組成的團隊，因彼此理解、相互信任、充分協作，創造了令人驚歎的業績。我也曾無數次見過，家庭中的每位成員都很優秀，都取得過傑出的個人成就，卻無法在同一屋簷下幸福地生活。他們是優秀的「散點」，但彼此間沒有連接，也就很難實現家庭的功能，如愛的功能、教育的功能、健康的功能、快樂的功能……

不妨回顧一下自己過去的經歷，你在學生時代是否處在一個令你懷念的班級中？在工作時期，你是否加入過一個非常優秀的團隊？這些組織有怎樣的特點呢？是不是大家相處得非常和諧、配合默契、彼此成就？在這樣的組織中，你是不是更願意做出貢獻，也能更好地發揮自己的優勢？

關係以一種深刻的方式影響著人的行為。大量解決問題的實踐證明，改變一個人的行為很難，但是你可以通過改變你和他之間的關係，進而影響他的行為──這就是關係的影響力。

☺ 為關係做個「體檢」，提前發現「危險關係」

現在，你已經找到了能夠和你一起解決「問題之王」的盟友。接下來，在富有挑戰的問題面前，你打算怎樣運用關係的力量，來啟動你的問題解決專案團隊呢？

我們每個人都處在複雜的人際關係網路中。當關係良好時，你也許不會有太多的感覺，認為本就應該如此。就像人的身體一樣，當身體很

健康時，你容易忘記身體的存在，認為擁有健康的身體是理所當然的。

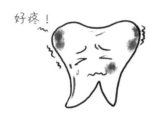

好疼！

　　然而當你牙疼時，你的注意力就會集中在牙齒上；胃痛時，注意力又會放到胃上。也就是說，只有當哪裡不舒服時，相應的身體部位才會引起你的注意。

　　我們對待關係也有與之類似之處。**某段關係只有在出現問題、令你產生「疼痛感」時，才會進入你的視野；**不出現問題，你就不去理會、不去善待，甚至想都不去想。但這樣做，問題可能會令你應接不暇。你將辛苦地忙於應付，也容易錯失關係原本能帶給你的重要價值。如果平日裡我們就習慣性地保護關係，將能避免許多嚴重關係問題的出現。

　　要想評估某段關係的品質如何，既不能依靠直覺，也不能依靠身分，比如「我是 Ta 的父親，我們的關係還能不好嗎？」作為問題管理者，你需要通過「行為」來評估關係。

　　有的夫妻好像關係還可以，但是不能提孩子的教育問題，一提就吵；有的同事能在一起把酒言歡，但卻不能提工作中的回饋意見，一提就無法協作。也就是說，這些關係無法觸及核心問題。

　　然而，好的關係恰恰是能在困難中給予雙方支撐的關係，是能讓雙方一起歷經問題的考驗、在一起解決問題的關係。

現在，請回顧一下你畫出的關係人圖，嘗試為圖中的關係做一個「體檢」，看一看你與重要關係人的關係品質如何。

請利用「關係體檢表」，按照左側的「體檢」項目，用 1～5 分為你與各重要關係人的關係打分。比如：你認為對方和你的共同話題非常多，就打 4～5 分；幾乎沒有共同話題，就打 1～2 分，依此類推。由於篇幅限制，我在這裡只列了 3 位重要關係人，你也可以根據需求增加。

關係體檢表

「體檢」項目	重要 關係人 1	重要 關係人 2	重要 關係人 3
你願意和 Ta 接觸嗎？			
Ta 願意和你接觸嗎？			
你和 Ta 在一起時有安全感嗎？			
Ta 和你在一起時有安全感嗎？			
Ta 和你在一起時笑容多嗎？			
你們在一起時共同話題多嗎？			
Ta 和你溝通時，話題深入嗎？			
你們之間容易達成共識嗎？			
Ta 在有困難時願意向你尋求幫助嗎？			
你相信自己能得到 Ta 的理解和支持嗎？			
你了解 Ta 的優點嗎？			
你能包容 Ta 的缺點嗎？			
你能原諒 Ta 的錯誤嗎？			
你願意成就 Ta 嗎？			
你相信你們的關係會長久嗎？			
分數合計			

在打分的過程中，相信你已經對你們的關係心中有數了。你也可以換位思考一下，如果是 Ta 來打分，會是怎樣的結果呢？

現在，請你把每項「體檢」項目的分數相加，計算出每段關係的得分。

你可能發現有的關係得分很高，恭喜你，這說明你在過去很好地維護了這段重要關係，而關係中的 Ta 將成為你解決問題時「給力」的盟友！

你也可能發現，有些關係的得分比較低。別擔心，這只是意味著過去的你忽略了對這段關係的管理，好在你提前發現了隱患，沒有等問題變得更嚴重時才注意到它。

關係中，「通則不痛，痛則不通」。接下來，你將重新善待和優化關係──所有問題都將是你的機會。

☺ 關係卡在哪了？看見 Ta 真正的需求

現在，你不僅發現了關係的力量，還詳細評估了自己擁有的重要關係。下一步，你計畫如何優化這些重要關係，運用問題解決專案團隊的合力來解決「問題之王」呢？

關係看不見、摸不著，很多人都認為它是虛無縹緲的存在，也有不少人認為自己在關係中有無力感。實際上，人與人的關係並沒有那麼深不可測。只要你掌握了關係的規律，並真誠善待重要關係、以心換心，很快你的身邊就會圍繞著你信賴和信賴你的人。

當你在說某段關係不好時，關係中的另一方或許也有相似的想法。這是因為關係中力的作用是相互的，一段不好的關係傷害的往往不是一個人。

因此，如果你想修復一段不好的關係，請相信，對方也願意修復。

　　每個人都需要良好的關係，都需要和諧的關係網絡。我在聆聽大家的問題時也越來越能發現，幾乎每個人的內心深處都是善良而柔軟的，只是平時被層層包裹著。那些看似冷漠、強勢、高傲的人，也渴望著美好的關係，期待著可感知的愛與關懷。每個人都想擁有良好的關係，可為什麼它在很多時候都可望不可即呢？

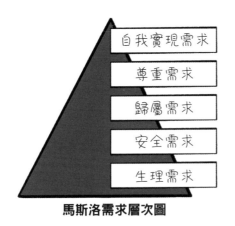

馬斯洛需求層次圖

　　著名的馬斯洛需求層次理論，將人的需求分為 5 個層次。在看上面這張圖時，你想到了什麼呢？

　　你可能會想：「沒錯！我首先需要吃飽穿暖，然後需要充足的安全感，接著，我還需要有**自己**的社交圈以及得到他人的尊重，最後，我要自我實現──實現**自己**的理想和抱負！」多數人在看到這張圖時，都是這樣思考的。但這意味著，在大部分時間裡，在大多數情境下，我們關心的是自己的需求，也就是自己期待從關係中得到什麼，比如：

・在主管與下屬的關係中，主管期待下屬好好做，期待下屬尊重自己，期待下屬安心工作、不要「跳槽」；

- 在員工與主管的關係中，員工期待主管賞識自己、提拔自己，多給自己好機會；
- 在親子關係中，家長期待孩子孝順自己、懂得感恩，期待孩子學習努力、懂事聽話；
- 在親密關係中，期待另一半無條件地愛自己、尊重自己，期待伴侶工作上進，也期待他（她）更顧家。

這是人之常情，因為關注自己的需求是人的本能，**而看到別人有和自己一樣的需求，卻是一種後天的能力。**

也許關係中的 Ta 也有相同的期待，都希望另一方的做法符合自己的預期，一旦與預期不符，就會對關係深感不滿。

有句話值得我們反覆體會：「**我們很難看到真相，因為我們只能看到與自己相關的東西。**」但是，作為問題管理者，你需要真相，為了啟動你的問題解決專案團隊，你需要超越自己的立場，去了解關係中的 Ta 的需求是什麼。

很多人認為，我自己招的員工，我還不夠了解嗎？做夫妻十幾年了，我還不夠懂 Ta 嗎？我的孩子，我比 Ta 自己都更了解 Ta。事實上，想要真正了解一個人非常不易，每個人的經歷、處境、心智往往差異巨大，而了解一個人恰恰是解決關係問題的起點。

> 你永遠也不可能真正了解一個人，
> 除非你穿上他的鞋子走來走去，站在他的角度考慮問題。
> ——哈珀・李（Harper Lee）

在每次的 KSME 問題解決課堂上，我都會請學員以小組的形式討論各個角色的需求，大家的討論結果基本上是這樣的：

- 孩子的需求：陪伴、鼓勵、學習、玩具、讚美、朋友、興趣、安慰、呵護、自由、尊重。
- 主管的需求：執行、關心、忠誠、欣賞、尊重、業績、支援、信任、理解、補位、認同。
- 員工的需求：認可、尊重、支持、理解、包容、指導、激勵、職業安全感、發展空間、信任。
- 伴侶的需求：愛、包容、理解、分擔、讚美、陪伴、支持、關心、忠誠、顧家、呵護、尊重。

每個小組完成討論後，都有一個共同的發現——儘管角色差異巨大，但人的需求卻如此相似。原來大家對物質的需求，並沒有想像中的那麼多，更多的需求集中在精神層面。

你是不是也發現了這樣的規律：**傷害關係的往往不是物質，而是一句話、一個動作、一個表情、一個眼神。**

這解釋了社會生活中的很多現象：高薪企業也有員工流失，富裕的家庭也有打不清的「官司」；相反，很多團隊在最艱難的時候凝聚力最強，一些清貧的家庭其樂融融……

現在，請你把目光再次放回前文的馬斯洛需求層次理論。但這一次，請你努力超越自己的立場、自己的身分，站在重要關係人的角度，重新思考一下 Ta 的需求。

❶ 生理需求

這是人類維持自身生存的最基本需求，包括衣食住行等。只有當這

一層次的需求得到滿足，人才會尋求滿足下一個層次的需求。

如果你想解決的是提升員工工作積極性的問題，那麼你是否關注了 Ta 的健康狀況？他自己或家人的健康狀況是否令他感到無助？如果你想解決的是自己容易犯睏的問題，那麼你是否關注了早餐的營養？有的人為了趕時間或保持身材不吃早餐，或只吃幾片餅乾，但學習／工作時，大腦是最耗能的器官，這樣的飲食習慣會令你無法專注。

❷ 安全需求

這是人類保障自身安全和財產安全方面的需求。職業發展的空間、財產安全的保障、家庭的氛圍都屬於這個層次。需要注意的是，伴侶間的頻繁爭吵、家長對孩子的過度管理、不經意間的玩笑式「威脅」，都會削弱他人的安全感。只有這個層次的需求得到滿足，人們才會尋求滿足下一個層次的需求——歸屬需求。

❸ 歸屬需求

這是一個人與其他人建立感情聯繫的需求。每個人都需要與家人、夥伴、同事保持融洽的關係，人人都希望得到愛，也希望愛他人；每個人都有一種歸屬於某一群體的感情，希望成為群體中的一員，與其他成員相互關心和照顧。孩子想在放學後跟其他小朋友一起玩，另一半想在週末與好朋友參加聚會，員工期待舉辦一場拓展活動……都是在表達歸屬需求。雖然你給他們的愛與關懷足夠多，但你仍需理解他們對其他共同體的歸屬感，保留他們的社交空間。當這個層次的需求得到滿足後，人們就會尋求滿足下一個層次的需求——尊重需求。

❹ 尊重需求

這個層次的需求，是許多人都得不到滿足的。**關係中的很多傷害，**

也往往發生在這個層次。**需要重點區分的是，愛和尊重是兩碼事。**很多父母說為了孩子自己做什麼都願意，許多人表示自己深愛著自己的另一半，很多老闆承認十分滿意自己的員工……但在他們的關係中，「尊重」這個關鍵的高層次需求卻缺席了。

尊重意味著平等、開放地對待對方，**意味著承認對方不是客體，而是與你一樣的主體。**尊重的具體行為包括：承認 Ta 和你一樣有高層次的需求，重視 Ta 切身的感受，不輕易給 Ta 提建議，不把想法強加給 Ta，不輕視 Ta 的熱愛，不小看 Ta 的未來……

尊重不是技巧，也不僅是禮貌，而是一種發自內心的信念。在以往的問題解決實踐中，我曾陪伴企業高管、基層員工、學校校長、家長、學生等解決過許多棘手問題，這些人中也包括一些小學、初中的孩子。

我不是兒童教育專家，但每個孩子在與我溝通時都願意主動敞開心扉。因為我從不認為自己在和一位小朋友溝通──當 Ta 坐在對面向我傾訴問題時，在我心目中，Ta 和一位集團總經理是完全一樣的。

我不會用和小朋友打招呼的語氣與他們溝通，也不會自恃「專家」身分輕易提出建議，而是全程用成人的方式與他們對話。當深入地了解每個孩子後，我發現他們的內心世界都非常豐富──不僅有自己看待問題的方式，也有獨特的解決方案，值得我們尊重。尊重需求一旦得到滿足，個體就會對自己充滿信心、對社會充滿熱情，體會到自己存在的價值，也就會向上尋求最高層次的需求──自我實現需求的滿足。

❺ 自我實現需求

這是人最高層次的需求，是指個人將能力發揮到最大限度，實現自己的理想、抱負，完成與自己的能力相稱的一切事情。

　　事實上，人人都渴望自我實現，擁有精彩的人生，但人只有在生理、安全、歸屬和尊重需求得到滿足的前提下，才有餘力和意願去追逐自我實現。一個人在抱怨自己的員工缺乏工作動力、自己的伴侶沒有更高的追求、孩子沒有遠大的理想時，**是否考慮過自己曾為他們前四項需求的滿足做過什麼？**

　　• 你曾讓 Ta 身心更健康、精力更充沛嗎？

　　• 你曾為 Ta 提供家庭／職場中的安全感嗎？

　　• 你曾為 Ta 營造自己的空間、找到真心朋友嗎？

　　• 你曾在語言和行為上尊重 Ta，與 Ta 平等相處嗎？

　　自我實現體現在各種小事中。當員工因專案有了一點兒進展向你彙報時；當父母做了一桌子飯菜問你好不好吃時；當孩子畫好了一張畫拿給你看時，他們正期待著自己的成就能被你及時看見──這是日常生活中的自我實現。更大的自我實現還包括對人生價值與意義的追求。大眾媒體、勵志書籍經常會問我們：「你的夢想是什麼？」考慮自己的夢想、關注自己的價值是我們的日常。**但你是否了解重要關係人的夢想？**比如，你的伴侶、父母、孩子、同事、客戶的夢想是什麼呢？你為他們的自我實現提供過哪些支持呢？

　　現在你已經了解了一個人的需求層次大致有哪些，實際上每個層次都可以進一步展開，分成多個可在生活中落地的具體需求。你不妨回顧一下自己的「關係體檢表」，如果有的關係得分較低，你可以了解對應的 Ta 在關係中的具體需求。

　　請你在下方的「關係人需求表」中，為「我實際給 Ta 的」的項目打「✓」（多選）；之後選取 5 個「我認為 Ta 需要的」專案並打「✓」；最後，

請 Ta 本人選取 5 個「Ta 自己需要的」專案並打「✓」（如果對方是你的合作夥伴或客戶，不方便直接填寫，你也可以通過觀察、交流來大致了解 Ta 的需求）。

關係人需求表

項目	我實際給 Ta 的	我認為 Ta 需要的	Ta 認為自己需要的
美食			
執行			
機會			
成就			
聆聽			
理解			
鼓勵			
尊重			
自由			
讚美			
陪伴			
包容			
感謝			
信任			
忠誠			
分擔			
追隨			
支持			
指導			

在完成這張表並比對了右側 3 列內容後，你可能會發現：你曾給 Ta 的不一定是 Ta 真正需要的，而 Ta 最需要的卻被你不小心忽略了。

　　一位母親非常愛自己的孩子和丈夫，每天用 6 種油為家人做美食，還堅持煎牛排為家人補充營養。可是孩子和丈夫卻並不領情，因為她經常不留情面地斥責、抱怨和評判家人。完成關係人需求表後她才發現，原來家人最需要的不是牛排，而是被她尊重、被她欣賞、被她信任。

　　也許 Ta 曾給你的不是你真正看重的，就像你不了解 Ta 最需要的是什麼一樣──但你們都關懷著彼此，為鞏固這段關係付出了很多。

　　接下來，你可以為更新這段關係創造一個機會，和你的重要關係人深入聊一聊彼此的需求，看看圍繞這些需求你們可以做點兒什麼，也可以借此敞開心扉，表達對彼此真摯的感謝。

　　在這次對話中，你有怎樣的收穫或感想呢？不妨及時紀錄下來──這將見證你們更美好關係的開始。

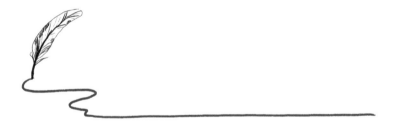

　　現在你已經揭開了關係的秘密，完成了對關係的「體檢」，也了解了關係的力量。作為問題管理者，你將在第 7 章收穫解決關係問題的獨特方案，並在第 8 章通過行動計畫為關係人進行分工。關係人的積極協作與配合，將成為你解決「問題之王」的關鍵力量。

第5章

像拆玩具一樣
拆開你的問題
——答案就藏在你的描述裡

問題＝｜現狀一目標｜，因此看清現狀是解決問題的核心步驟。然
而，人們往往習慣於用高度概括的觀點描述問題，這將使人們對問
題的了解止於表面，難以找到解決問題的突破口。

在這一章，你將在輕鬆的互動中區分事實與觀點，撕掉因高度概括
而產生的負面標籤，並為「問題之王」拍一張「X光片」：把問題
橫向展開、進行量化──讓真正的問題浮出水面。

1. 小心，別把觀點當事實

在第 3 章，你已經從問題清單中找到了自己的「問題之王」——一個最重要、你最想解決、牽一髮而動全身的問題。

現在請你在下方的橫線上把這個「問題之王」描述出來，寫一寫這個問題是怎麼回事，問題裡有誰，這個人怎麼樣。

當你完成後，請先把這份描述保留在這裡，一會兒你就會用到它。

☺ 從描述你的問題開始，走出「觀點陷阱」

在 KSME 問題解決課堂上，專案經理 Z 先生這樣描述自己的「問題之王」：

我最想解決的問題就是經常加班。由於工作量很大，我不得不經常加班，每天從早忙到晚，怎麼做也做不完。主管安排的任務很多，部門的會議很多，自己的本職工作都做不完，還要完成主管安排的緊急工作。

集團總是突然要報表，要的還特別急。最不能忍受的是，我還要參加集團組織的培訓，不能請假。客戶的事情也不能耽誤。我每天非常晚才回家，感覺很疲憊……

他翻來覆去地說了 20 多分鐘，語氣中有不滿、失落、無奈。說完，他馬上補充了一句：「說了也沒用，這個問題根本『無解』。」

Z 先生講了很多，表面上是在描述問題，但仔細觀察過後你會發現，他的每一項描述都是模糊的──都只是在說明「自己很忙」。

如果你是他的主管，你能通過他的描述清晰地了解他的工作嗎？**如果你是這個問題的管理者，你能根據這些資訊解決問題嗎？**

聊天中，「很多」、「特別急」、「非常忙」、「總是」、「一直」等描述反覆出現。如果我們身體不適去醫院，醫生不會只根據患者的觀點（很疼、十分難受、總是不舒服）直接開藥，而是會讓我們先去做檢查，然後根據影像、診斷報告來解決問題。

這是因為要想解決問題，**我們需要在事實層面描述現狀，而不是基於個人觀點形容現狀。**

當一個人的說法被認為是「觀點」而不是「事實」時，他往往不服氣，因為他篤定自己說的都是真實的，沒有半點兒虛假。

他以為沒有說謊就等於說出了事實，以為自己的真實想法就是事實，以為自己看到的就是事實，以為他所信任的人說的就是事實。

人們很容易把觀點當成事實，或者把觀點和事實混為一談。實際上，我們需要將它們徹底地區分開。作為問題管理者，提取事實資訊是解決問題的關鍵步驟，這將為稍後細化現狀、量化現狀的工作做好準備。

在進一步了解觀點和事實的區別前，你可以先做一個「找事實」的遊戲。請你拿出一支彩筆，在下面的方框中圈出描述的是「事實」，而不是「觀點」的句子。

> 工作不認真　報告裡的數據是上個月的，沒有更新
>
> 部門會議很多　部門每週開 4 次會議，每次 1 小時以上
>
> 經常遲到　工作效率太低　報告用了 5 天才完成　這週遲到了 3 次
>
> 他身材很好　每天工作 12 小時　客戶滿意度很低　今天的氣溫為 29℃
>
> 他身高 185 公分，體重 70 公斤　他不關心我　他忘記了我的生日　今天很熱
>
> 客戶滿意度調查得分為 6 分　房子很大　房屋面積為 100 米 ^{2}
>
> 經常加班　員工流失率特別高　學習成績變差
>
> 員工流失率為 25%　4 個月內，成績從 550 分降到 450 分

你圈出了哪些句子呢？在做這個遊戲時，許多人認為「經常遲到」是事實，直到看到了「這週遲到了 3 次」的描述；很多人認為「客戶滿意度很低」是事實，直到發現「客戶滿意度調查得分為 6 分」的描述。

這些描述都是從 KSME 問題解決課堂上大家的回饋裡提取的。在下面這張表中，你可以更直觀地看到觀點和事實之間的區別：左列的都是文字表達，右列的幾乎都包含資料；左列的都沒法兒驗證對錯，右列的可以驗證對錯；左列的都是個人觀點，右列的都是客觀事實。

觀點與事實描述表

觀點	事實
經常遲到	這週遲到了 3 次
工作不認真	報告裡的數據是上個月的，沒有更新
經常加班	每天工作 12 小時
他不關心我	他忘記了我的生日
工作效率太低	報告用了 5 天才完成
部門會議很多	部門每週開 4 次會議，每次 1 小時以上
今天很熱	今天的氣溫為 29℃
他身材很好	他身高 185 公分，體重 70 公斤
員工流失率特別高	員工流失率為 25%
學習成績變差	4 個月內，學習成績從 550 分降到 450 分
客戶滿意度很低	客戶滿意度調查得分為 6 分
房子很大	房屋面積為 30 坪

那麼，到底什麼是觀點呢？

觀點是對人、對事、對問題的看法、判斷、評價。觀點受到個人立場、價值觀、信念、態度、情感、知識、經驗、判斷能力、所處環境的深刻影響，較主觀。對待同一事物，不同的人很可能有不同的觀點，100 個人有 100 個觀點也是有可能的。

這也就意味著，如果我們在觀點層面描述一個具體問題，很容易引起爭議。

比如你說：「今天有點兒熱。」可能對方會說：「熱？我還覺得有點兒冷呢。」這裡的「熱」和「冷」，其實並不是指天氣本身，而是自己的感受。

　　不同的人對溫度變化的敏感程度不同，因此感受也不盡相同。同樣，菜是鹹還是淡，吃得多還是少，人帥還是不帥、優秀還是不優秀，都屬於觀點層面的描述。

　　那什麼是事實呢？

　　事實是指客觀事物的真實情形。比如你的住房面積為 30 坪，這是精準測量過的實際面積，無論誰去測量結果都是這樣。但如果有人說，這個房間「很大」，或者這個房間「很小」，這樣的描述就變成了觀點。

　　事實可以被證實或證偽，足以改變他人的觀點，容易讓人達成共識，因此影響力很強；觀點因人而異，幾乎無法證明對錯，影響力相對較弱。

　　我在許許多多問題的解決過程中，發現這樣一個規律：一個人在描述事實時，容易進入理性沉思的狀態；而在描述觀點時容易引發情緒，會誇大或弱化某些事實。

　　因此當對方在問題面前非常感性、情緒化時，我通常會引導 Ta 描述一些事實，這樣 Ta 很快就會自然地調整過來，重歸平靜。舉個例子，當描述中出現下列詞語時，這個描述很可能是觀點，而非事實。

- 價值判斷：應該、不應該、勤快、懶惰、悠閒、忙碌、好、壞、美、醜。
- 表示程度：最、很、十分、非常、經常、往往、總是。
- 表示感受：討厭、喜愛、忙、閒、冷、熱、鹹、淡。

　　不過請別誤解，觀點與感性並不是多餘的，它們在問題解決過程中非常有用。只是在了解問題、分析現狀這一環節，我們需要暫時使它們「靜默」。因為在這一步，我們需要在事實層面客觀地拆解問題，就像做嚴謹的科學實驗那樣。

現在，請回顧一下你在本章開頭為「問題之王」寫下的描述，其中哪些是事實，哪些是觀點呢？

如果你發現自己的描述中摻雜了一些觀點，沒關係，你可以把觀點所對應的事實寫在旁邊（比如，經常遲到→ 7 天內遲到了 3 次），當你這樣做時，你就已經開始真正拆分自己的問題了。

讓我們在具體的生活場景中，再溫習一下觀點和事實的區別吧。下面是一對夫妻在解決孩子的問題時的對話。**請你一句一句地判斷：哪些是觀點，哪些是事實？**如果是事實，就請你在句子後面打「✓」。

妻子：「你對孩子總是不管不顧，根本沒用心管過孩子。孩子這次考試成績這麼差，在全班倒數了，你怎麼還是不著急？」

丈夫：「孩子始終都是你管，我管的時候你說我管得不對。你是當老師的，連自己的孩子都管不好，我有什麼辦法？」

妻子：「你還怪我？我工作忙，每天回家還要買菜、做飯、操心孩子的學習。你經常出差，好不容易在家，不是辦公就是看手機。你為這個家付出了什麼？」

丈夫：「我不出差行嗎？不都是為了這個家嗎？我在家的時候不是也做了嗎？洗衣服、拖地、買菜、做飯、洗碗，我也沒少做啊！」

妻子：「你還提洗衣服，把髒衣服全部扔進洗衣機，都不分類。拖地，是拖地機器人做的。你付出了什麼？」

丈夫：「你總是挑我的毛病，我怎麼做你都不滿意。家裡 3 口人，能有多少家務？你的心態不好，好好調節調節吧。」

妻子：「沒多少家務？你天天做試試！孩子這樣，我的心態怎麼能

好？你天天出差不在家，倒是心態好。你根本不關心我，不關心這個家。」

丈夫：「你就知道抱怨，就愛發脾氣，孩子的情緒這麼低落，都是受你的影響。你也應該好好反省一下自己了。」

你看完了，卻可能無處下筆——你發現幾乎不需要打「✓」。

是的，對話裡幾乎所有的描述都是觀點層面的。我在 KSME 問題解決課堂上，常會請學員類比這段對話。女士扮演妻子，男士扮演丈夫。有的學員還主動提出反串，說這樣更容易換位思考。

模擬過程總是很生動，有的人進入了角色，竟然自己換了台詞，和對方吵了起來，說恍惚間感到是在和自己的另一半對話。模擬過後，大家都陷入了沉默中。

如果你已經步入婚姻的殿堂，有了忙碌的工作，也在為孩子的問題而煩惱，相信你對這段對話更有感觸。請允許我邀請你和你的伴侶一起騰出兩分鐘，讀一下這段對話。讀完後，不妨和 Ta 共同思考一下：如果我們在觀點層面討論現狀，問題是否容易解決？

警惕高度概括：有些問題說著說著就不是問題了

聽一聽下面這些聲音，你是否感到熟悉？

- Ta 不求上進。
- Ta 工作能力差。
- Ta 心態不好。
- Ta 素質很低。
- Ta 不配合我的工作。

- 我很沒毅力。

- 我不善於溝通。

- 我很情緒化。

- 我不夠好。

在多年解決問題的過程中，這些聲音頻繁出現在我耳旁。現在你已經知道，這些都是觀點，而非事實。那麼觀點是怎樣得來的呢？

其實所有的觀點都是我們概括而來的，通常是高度概括而來的。高度概括是一種難得的能力，是大腦在比較和抽象的基礎上，把事物的共同特點歸結在一起的過程。

在交流思想、介紹情況、陳述觀點、發表見解時，為了使對方能夠很快了解自己的說話意圖、抓住要領，我們需要使用高度概括的描述，達到一語中的、以少勝多的效果。

對問題進行概括並不是一件輕鬆的事，需要我們進行特別的訓練，否則很容易以偏概全。

在日常生活和工作中，我們每個人都在概括，但很多情況下，我們都沒有察覺到這一點。這也就意味著，**許多概括不是通過仔細分析、精心斟酌得來的──我們下意識地就完成了一次「高度概括」。**

這樣看來，我們的概括似乎顯得很隨意。殊不知，這種隨意的概括為自己、為他人帶來了多少傷害，為自己與重要關係人關係的發展、為「問題之王」的解決增加了多少阻礙。

一位女士一直抱怨丈夫「很懶」，這是她對丈夫的高度概括，但正是這個概括使她很難欣賞自己的丈夫。

我問她這個概括是怎麼得來的，有哪些事實能證明。她說，老公不

收拾房間、不做飯、不洗衣服。我問，還有呢？她猶豫了：「好像……沒別的了。」

我又問她：「丈夫在家裡都做了什麼呢？」她說：「接孩子上學和放學，陪孩子寫作業，陪孩子打球，每天下班後買菜，吃完飯後洗碗。」我問：「還有呢？」她又接著說了七八件事。她突然感慨：「老公給我的印象就是『懶』，這個標籤貼在他身上好些年了，現在才發現我有點兒冤枉他了。」

同樣，前面提到的「Ta 素質很低」、「Ta 不配合我的工作」、「我很沒毅力」、「我不夠好」這樣的高度概括，都可以被我們「重新打開」，找出它們背後對應的事實。在解決問題時，如果不能準確概括，就先不要概括了。暫時放下對觀點的描述，描述事實力是我們拆解問題的利器。

☺「不要為裝花生油的瓶子貼上『味極鮮』的標籤」

前幾天我到一個朋友家做客，朋友熱情地做了很多好菜。我到廚房去幫忙時，她正慌亂地尋找著什麼，但爐子上的火還燃著。

「花生油找不到了！」她焦急地說。我趕緊和她一起在瓶瓶罐罐裡尋找，找了一遍沒有找到，又找了一遍還是沒有找到。

我很奇怪，花生油會放在哪裡呢？一番苦找才發現，原來她把自家磨的花生油倒在了貼著「味極鮮」標籤的瓶子裡，一忙起來就忘了。

明明是花生油，因為被貼上了「味極鮮」的標籤，就被當成了醬油。忙著炒菜的人，如果面對貼錯標籤的食材、輔料，會有多慌亂？

生活中這樣的例子不少，也許你認為這樣的小錯誤並無大礙，**但如果被貼上標籤的是人，會怎樣呢？**

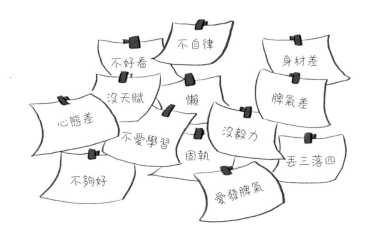

生活中的許多觀點，往往是我們高度概括得來的，當它們不斷重複時，這些觀點就變成了標籤，緊緊貼在人的身上。負面標籤不易覺察，但力量非常強大──它為你自己和身邊的人設計了一個充滿負面評價的牢籠。

當花生油被貼上了「味極鮮」的標籤，人們就找不到花生油了；同樣，如果你為自己貼上「沒毅力」、「能力差」、「情緒化」的標籤，就找不到自己了。我在太多的案例中發現：我們正是在通過這些負面標籤「虐待」自己，「虐待」與自己最親近的人。

- 我們在為孩子貼上「不求上進」的標籤時，就看不到 Ta 可能是一位出色的開拓者，本可以成就一番偉大的事業。
- 我們在為員工貼上「心態不好」的標籤時，就看不到 Ta 面對的是怎樣的困難，不知道 Ta 本是一個陽光的人。
- 我們在為陌生人貼上「素質很低」的標籤時，就看不到 Ta 做事的原委，讓價值判斷蓋住了事實判斷。

• 我們在為自己貼上「沒毅力」的標籤時，就看不到自己曾經的堅持，丟失了有無限可能的自我。

作為問題管理者，如果你為關係人貼上了各種各樣的負面標籤，你與 Ta 的關係會怎樣？如果好幾位帶著負面標籤的關係人在一起解決問題，又將是怎樣的場景？

只有先把自己的負面標籤撕掉，才有可能漸漸撕掉別人的負面標籤。

其實，每個人的人生都有一個最大的標籤，我們每天用它、叫它、重複它，但越是這樣，就越意識不到它的存在──這個標籤就是我們的名字。

你可能發現，沒有人的名字是楊糟糕、張倒楣、李很醜、王懶惰……這是因為，每一個名字的背後都是一份祝福和希望。

很多父母在知道有新生命存在的那一刻起，就開始努力地翻字典，只為找到一個最美好的字眼送給孩子。因為他們知道名字不僅是代號，還是標籤，它將會伴隨孩子的一生，被 Ta 遇到的每一個人反覆強化。

比如，本書兩位作者的名字分別是「顧淑偉」和「奉湘寧」。叫「淑偉」是因為父母希望他們的女兒不僅能成為一位淑女，還能掙脫刻板印象對女性的束縛，在新時代裡成就一番偉大的事業；叫「湘寧」是因為父母把代表家鄉的「湘」字放到了名字裡，希望他們的孩子成為一個不忘來處、寧靜致遠的人。

有的孩子叫「笑笑」、「陽陽」、「欣悅」，這是父母在祝福孩子一生幸福平安；有的孩子叫「國強」、「紅心」、「家興」，這是父母希望孩子未來成為一個愛國、愛家的人。

你仔細研究過自己的名字嗎？現在，請你重新和它「打個招呼」，同時思考一下，你的家人在這個名字裡寄託了怎樣的祝福？

　　請在下面卡片中的橫線上工整地寫下自己的名字，並「翻譯」一下它背後的含義吧！你也可以借此和父母聊一聊這個名字的故事，看一看自己人生中的第一個標籤是如何在愛和祝福裡誕生的。

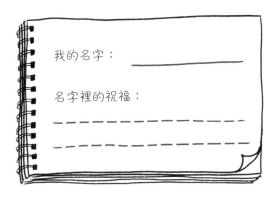

　　你是否對自己的名字有了新的認知？你打算怎樣對待這份滿含深情厚誼的祝福呢？**如果我們在初到這個世界時，被祝福、讚美圍繞，卻在成長的日子裡為自己貼上了很多負面標籤，是不是很可惜？**

　　實際上，只要你決定不給自己貼上負面的標籤，任何人都無法給你貼上。

　　作為問題管理者，任何時候、任何情況下都不要否定自己，不要讓負面標籤束縛我們的手腳。某個行為需要校正、某項能力需要提升，都不是我們否定自己的理由，而是我們可以把握的機會。

盯著你想要的，而非抵抗不想要的

　　撕掉負面標籤並不是一件很容易的事情。你可能也嘗試過撕掉它，可它很快又捲土重來。比如你很討厭自己「不自律」、「愛發脾氣」的

標籤，可努力了多年仍無法撕掉它們。如何真正告別這些負面標籤呢？不如先來做個實驗。

　　現在，請你聽我的指令。

- 記住！不要想像一頭粉色大象！
- 一定不要去想一頭粉色大象穿過叢林！
- 千萬不要去想一頭粉色大象走出叢林時，還帶著一群小象……

　　此刻你的腦海中出現了什麼？如果有人這樣向你發布指令，估計你滿腦子都是粉色大象。這是因為思維的語言在大腦的不同部位產生：其中一部分形成粉色大象的概念；另一部分命令自己「不去想」，形成否定的概念。只有當這兩個部分加在一起時，才能形成「不去想粉色大象」的概念，而此時這個概念裡必然已經有了「粉色大象」。

　　當你試圖避免想起某件事時，你反而會記住哪一件是你不該去想的事，越控制自己不去想就越容易想，這就是哈佛大學社會心理學家丹尼爾・魏格納（Daniel Wegner）提出的「白熊效應」。因此，要想真正告別負面標籤，不如順勢而為，**不再去抵抗你「不想要」的東西，而是盯著你「想要」的東西**——為自己和他人貼上正面標籤，讓新標籤自然而然

地取代舊標籤。我的「愛學習」的標籤是在上小學時被貼上的。我出生在一個非常貧困但重視教育的小山村裡，小學的時候我經常考全校第一。每個春節前，校長就會帶著老師們敲鑼打鼓、挨家挨戶為我送獎狀，附近兩個村子的村民都主動跟著隊伍，校長還會親自為我戴上大紅花！

　　現在很難想像，如此隆重的慶祝活動竟然是為一名小學生舉辦的。對當時的我來説，這種熱烈的慶祝活動為我貼上了一個牢固的標籤──「愛學習」，至今它還發揮著作用，無論遇到怎樣的挑戰，我都能從中汲取勇氣和信心。

　　不久前，一位朋友與我分享了她 3 歲的兒子上幼稚園的故事。

　　今天是兒子第一天上幼稚園。兒子最喜歡的是鋼鐵飛龍隊長「熾焰」，一位代表勇敢的宇宙英雄。自從知道熾焰的存在後，兒子就堅定地把自己的小名改為「熾焰」，拒絕我們繼續叫他「小魚兒」。今天早上入園時，「熾焰」有些不捨，總是回頭看，但完全沒有哭鬧。因為「熾焰」在路上對我講，他去幼稚園是去做「保護地球」的工作。熾焰保護地球時，是不會帶著媽媽的，而是帶著自己的隊員。所以，沒有媽媽陪伴，去幼稚園也是對的啊！

　　我問他：「什麼是『保護地球』的工作？」他說：「就是保護環境，不破壞環境；幫助別人，不傷害別人；不浪費資源，愛惜水、食物和玩具。」

　　下午 5 點我去接他，他很自豪地向我炫耀他的校服，說這是他在幼稚園工作時穿的衣服，還告訴我，已經有大哥哥願意當他的鋼鐵飛龍隊友「深藍」。他說這個幼稚園的工作很好玩，他明天還要去。

　　快到家門口時，我鼓起勇氣問了一句：「『熾焰』，那你在幼兒園

開心地工作時，想爸爸媽媽嗎？」沒想到兒子立刻回答：「想呀，我特別想媽媽，想爸爸，但是我一個人也要好好工作呀！」然後，他仰起頭，笑容燦爛地看著我。

我和他默契地擊掌，娘兒倆哈哈大笑。但是在我的心裡，我在聽到兒子的這句回答時早已淚目──小小的他就這樣長大了。

無論是對於成人還是孩子，標籤的影響都非常深遠。標籤作為一種自我身分認同，直接作用於人的行為。既然正面標籤如此有力，那我們要如何為自己和他人貼上並貼牢呢？「正向關注」與「欣賞式回饋」是把正面標籤貼牢的關鍵。假如你努力了多年，想為自己撕掉「不愛笑」的標籤，卻每天都關注自己「不笑」的時刻，每天都命令自己「不要板著臉」，這就等同於聽令於「不要去想粉色大象」，越是想撕掉標籤，標籤就貼得越牢。

你一定有笑的時候，只是被自己忽略了。如果你放棄聚焦於「不笑」的行為，轉而關注「笑」的行為，「笑」會被你不斷看見、不斷強化，有時他人也會回饋「你非常愛笑」。很快，你就成功地為自己貼上了「愛笑」的標籤，同時「不愛笑」的標籤就被自然地取代了。撕掉他人的負面標籤也是一樣：**關注 Ta 出現笑容的時刻，並用欣賞的方式回饋給 Ta**，比如對 Ta 說「我發現你最近更愛笑了，你的笑容很動人」。久而久之，對方也就為自己貼上了「愛笑」的標籤，你會發現 Ta 笑的頻率更高了。

同樣的方法，可以用於撕掉「粗心大意」的標籤、「固執」的標籤、「脾氣差」的標籤、「不自律」的標籤。

・我總是丟三落四。→ 今天出門時東西都帶齊了，這次出行真愉快！

- 你真固執。→ 謝謝你採納我的建議，你的思維真是靈活！
- 還是有兩個錯別字。→ 我發現你的準確率提升了，越來越注重對細節的處理，下次你一定會做得更好！
- 真懶，才跑了 400 米。→ 今天下樓跑了一圈？真是很棒的運動習慣，看到你精神抖擻的樣子，我都想去跑步了！

總之，要想撕掉負面標籤，就要全身心關注「你想要的」，為自己或他人貼上美好的標籤。你可以用「越來越」、「你是怎麼做到的」、「我都想跟著做了」來持續強化美好的行為。

不過，如果你只把上面的話語等同於一種技巧或話術，而不是發自內心地關注美好的行為／品質，再華麗的標籤也無法奏效。

標籤奏效的奧秘，在於人與人之間以心換心的情感交流──你的真心才是唯一的金鑰。下方是一張「貼標籤」表。此刻，請慎重地想一想你決定為自己貼上哪些美好的標籤，並把它們填寫在表格左列；之後，請你在重要關係人中選擇一位，在表格右列寫出你決定為 Ta 貼上的標籤。比如，我是一個自律的人，Ta 是一個親切、和藹的人。

我是一個很棒的人	Ta 是一個很棒的人
1 _____	1 _____
2 _____	2 _____
3 _____	3 _____

　　像這樣，你可以將這張表放在自己每天都能看到的位置，請期待它將為你的生活帶來怎樣的驚喜吧！

2. 把問題展開── 運用細化與量化的力量

　　本章開頭提到的 Z 先生反覆強調「工作量很大」，不加班根本完不成。他說忙的原因是上司主管和集團公司給的緊急任務太多，這些計畫外的工作令他分身乏術、焦頭爛額……他說了 20 多分鐘，好像「緊急任務」是導致他工作繁忙、不得不加班的唯一因素。

　　在解決問題時，很多人容易像這位 Z 先生一樣，抓住一點深挖，**以為一直向下挖，就一定能挖出「水」來。**

☺ 別沉醉於「深挖」，展開問題去看全貌

　　我們經常說「遇到問題要好好分析」，但到底什麼是「分析」呢？這個概念對許多人來說並不陌生。「分析」就是把一個整體拆分成較簡單的組成部分，找出這些部分的特點和彼此之間的關係。解決問題不只是縱向「深挖」的過程，更是橫向展開的過程。

　　我們只有把問題平鋪、拆分，才能把大問題分解成小問題，把複雜問題變成簡單問題，才能既看得全面，又看得仔細，並從中找到解決問題的入手點。

　　這就像我們小時候拆玩具，先把一個大玩具拆成一小塊、一小塊的，再按照順序把它們組裝起來──**答案就藏在這一拆分和重組的過程裡。**

　　在拆分問題方面，每個人都有一定的經驗，只是平時沒有留意。比如你的手機突然不能使用了，你可能會從 3 個方面考慮。

- 是不是手機欠費了？
- 是不是軟體出了故障？
- 是不是手機的硬體壞了？

　　如果手機欠費，繳費就能解決；如果軟體出了故障，或許升級就能解決；如果硬體壞了，就要通過換新手機或者找專業維修人員來解決。

　　你可能覺得這不足為奇，畢竟連小孩子都可能這樣想。但是，對一位很少接觸手機的老人來說，**沒有相關的經驗和知識，就無法對問題進行這樣的拆分。**

　　如何對現狀進行拆分，拆分到什麼程度，這些都取決於個人的經驗和知識。繼續拿手機問題舉例，一般的手機使用者一旦定位到 3 個子問題中的一個，就不會繼續拆分了，也就是説我們把手機看作一個「整體」。

　　而維修手機的專業人士，他們有著豐富的經驗，可以對手機進行更細緻的拆分──拆分成各個功能模組，再拆分成各個元件，最終找到問題點（也許是其中某個元件壞了，或者某條連接線路斷了），也就找到了真正的問題。

　　現實生活和工作中的問題，比手機問題複雜得多，而且看清現狀本身就是一道難題。這裡送給你一個拆分現狀的利器── MECE 法則，它將幫助你把「問題之王」橫向展開，看到其全貌。

　　MECE，是「Mutually Exclusive Collectively Exhaustive」的縮寫，意

思是**「相互獨立，完全窮盡」**，是指把問題不重疊、不遺漏地拆分開。

「完全窮盡」相對好理解，就是沒有遺漏，全面、周密地列出問題；而「相互獨立」是指你拆分的子問題之間不交叉、不重疊，即你的分類是基於同一個標準／維度的。

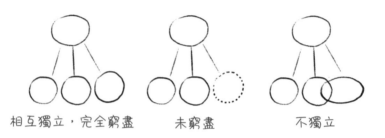

相互獨立，完全窮盡　　　未窮盡　　　不獨立

如果你的拆分沒有涵蓋問題的所有方面，那麼最終推演出來的解決方案可能會以偏概全，無法奏效；如果你拆分的子問題彼此重疊，也會造成混亂和重複勞動。讓我們借助幾個真實案例，更直觀地理解問題的拆分祕訣吧！

案例 ❶：有關「工作很忙」的問題

9 年來，在 KSME 問題解決課堂中，幾乎每個學員都說自己工作很忙，經常加班。但很少有人仔細分析過自己在忙些什麼，在怎樣工作。

很多人認為自己的工作內容又多又雜，根本沒法兒拆分。但無數案例證明：**只要靜下心來，只要真心想做，問題都是可以拆分的。**拆分工作的過程很有價值，它將幫助你重新審視自己的時間與忙碌的內容。

下面這張圖，出自前面提到的專案經理 Z 先生之手。他首先按照 MECE 法則把自己的工作內容拆分成 3 個方面，然後對每個方面進行第

二級拆分。如果需要，他還可以進行第三級拆分，如將「技術工作」這一部分的內容繼續細化。這是一個 100% 真實的案例，稍後我們會再用這張圖作為示例進行講解。

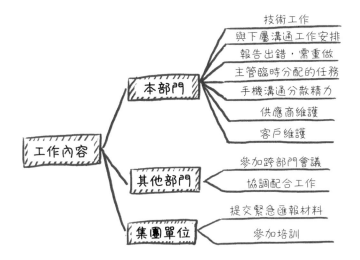

案例 ❷：有關「員工幸福感低」的問題

在一次企業後備管理幹部的問題解決課堂上，一個小組把「員工幸福感低」的問題作為研究課題。

這是一個非常大的課題，很有難度，難在對幸福的定義上，難在對現狀的拆分上。全組成員都非常投入，他們一起把「員工幸福感低」的現狀拆分成了 5 個方面：

• 每天陪家人的時間不足 2 小時；

• 每天開會時常超過 2 小時；

• 每天至少有 4 個事項需要重複回饋；

• 臨時性事務每天超過 3 件；

• 工資沒有達到理想水準。

他們認為目前讓自己感到不幸福的就是這幾個方面，**任何一方面的問題得到解決，都會提升他們的幸福感**。事實上，這種拆分也體現了他們的幸福觀。每個人對幸福的定義不同，分類方式可能千差萬別。有的人認為職位越高越幸福，有的人認為有一定的財富積累才能幸福，有的人認為擁有更多自己可支配的時間是幸福，有的人認為幫助別人是幸福，有的人認為得到愛是幸福，有的人認為付出愛是幸福……有的人認為滿足以上全部條件才是幸福。如果面對這個問題的是你，你會如何拆分呢？

案例 ❸：有關「學習成績越來越差」的問題

不久前，一位中學生和父母來到北京，非常困惑地對我說：「我想解決自己學習成績越來越差的問題，我快要對自己失去信心了。」你可能發現，這個問題看似具體，其實仍然是模糊的。我引導他描述事實，並根據事實對問題進行拆分。他一邊拆分一邊發現：自己這個學期的總成績下滑了 50 分，主要是數學成績拖了後腿。原因是開學時他發燒了，耽誤了一週的課程，導致某一章某一節的某 3 個知識點沒有掌握，所以很多相關的題目他都做不出來。明明只是 3 個知識點暫時沒有掌握的問題，卻被他和父母高度概括為「學習成績越來越差」的嚴重問題，由此引發了焦慮。

實際上，**我們生活中的許多高度概括都是不嚴謹的，但它們帶來的傷害卻非常大**。可見，訓練有素地細化問題、拆分現狀有多麼大的價值。

☺ 給問題拍一張「X 光片」，盡可能量化你的問題

在列出現狀時，我們經常能看到這樣的描述：

- 能力不足。
- 凝聚力差。
- 態度不積極。
- 學習成績差。
- 工作績效低。
- 工作不認真。
- 客戶黏性弱。

　　仔細觀察這些描述，你發現了什麼？它們看似說明了問題，卻仍然模糊，這種模糊在於無法定義程度。就像中餐食譜不容易標準化一樣，「鹽少許」、「油少許」，但多少是少許呢？每個人都有自己的標準。

　　根據問題的定義，即問題＝｜現狀－目標｜，現狀和目標之差的絕對值越大，問題就越大，所以問題管理者的核心任務就是算出差距。要「算」出差距，我們就不能再只是對問題定性了，而是要像體檢那樣，無論是血壓、血脂、血糖，還是血檢、尿檢……所有檢驗結果都精準定量。

　　因此，**把「細化」的問題繼續「量化」，是解決問題不能跳過的關鍵步驟**──一會兒你就能了解它的價值所在了。每當父母說孩子學習成績很差時，我都會引導他們描述事實，即各科成績分別是多少。

- 數學 140 分（總分 150 分）。
- 語文 70 分（總分 150 分）。
- 地理 60 分（總分 100 分）。
- 英語 50 分（總分 150 分）。
- 物理 17 分（總分 100 分）。

當一個人說家庭的額外支出很高時，我會請 Ta 對各個支出項目進行量化。

‧看電影、玩遊戲：1000 元／月。

‧在外吃飯：10000 元／月。

‧孩子外出花銷：10000 元／月。

‧朋友聚會／送禮：10000 元／月。

當一個人說沒有屬於自己的時間時，我會請 Ta 量化自己具體的時間分布情況。

‧每天加班 2 小時。

‧社交應酬 2 小時。

‧家庭生活 2 小時。

‧正常睡眠 7 小時。

還記得上一小節中 Z 先生的案例嗎？在拆分了現狀、細化了問題後，我請他對各項工作進行了量化，得到了這樣一張圖表。

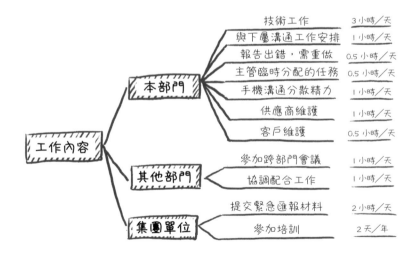

　　他算出自己每天的工作總時長為 11 小時──確實非常辛苦！但正是通過這種視覺化的紀錄，他才能清晰地看到自己每日工作時間的利用情況，進而明確從哪裡入手提高效率、節約時間。在接下來的章節裡，我們將看到他是如何一步一步地成功解決這個棘手問題的。

　　你可能發現，前述問題量化起來比較容易，都是與成績、支出、時間相關的問題，自帶「資料屬性」。但是，如果需要量化的是關於能力、自信心、意願、狀態、凝聚力、關係、態度的問題，該如何做呢？一個有效的辦法是用「1 − 10 尺規法」：1 − 2 − 3 − 4 − 5 − 6 − 7 − 8 − 9 − 10，從低到高，相當於一個表示程度的尺規，它可以對一些難以量化的物件進行量化。在應用這把尺規時，我們可以這樣問自己或他人。

　　‧睡眠不好──如果用 1 ～ 10 分打分，你會為睡眠品質打幾分？

　　‧很不自信──如果用 1 ～ 10 分打分，你會為自信程度打幾分？

　　‧關係緊張──如果用 1 ～ 10 分打分，你會為這段關係品質打幾分？

　　一個孩子已經半年多沒上學了，他媽媽請我與孩子溝通。孩子說話時有氣無力、無精打采。當我請他用 1 ～ 10 分為自己的狀態打分時，結果令我詫異──他只打了 1 分。從這個分數，我們就可以看到孩子當時的狀態有多麼糟糕，他正深陷於某種困難中，急需改變。由於能力、意願、狀態、信心與個人感受密切相關，因此分數必然偏向主觀。如果感到很難打分，我們可以用「劃定區間、縮小範圍」的方法來確定分數。

　　問：如果用 1 ～ 10 分打分，能打幾分呢？

　　答：不太確定。

　　問：那是 3 分還是 8 分呢？

　　答：不是 3 分。

問：比 8 分多嗎？

答：我覺得在 5 分和 7 分之間。

問：那就按照 6 分計算可以嗎？

答：好，就是 6 分。

看似「模糊」的問題可以通過這樣的提問，真正地「被看見」。

🙂 現在，讓真正的問題浮出水面

請你先聽聽下面這些聲音。

- 他們都不聽我的。
- 我都是被他們氣的。
- 我實在無能為力。
- Ta 不配合我的工作。
- Ta 根本不理解我。
- 環境就是這樣，我有什麼辦法？

再聽聽下面這些聲音。

- 我再試試其他方法。
- 我可以管理自己的情緒。
- 我可以找到更多的方案。
- 我可以主動與 Ta 溝通。
- 我可以想出有效的表達方式。
- 我總是可以做點兒什麼的。

這兩類聲音有很大的不同，你聽完後分別有怎樣的感受？聽第一類聲音，你是否感到談話者無能為力，感到問題已經無望解決？而聽第二類聲

音，你是否感到談話者很自信、很有力量，感到 Ta 正在積極主動地想辦法？兩類聲音之所以有這樣大的差別，是因為談話者的**著力點**大不相同。前面的談話者把著力點放到了別人身上、放到了過去、放到了外界環境中，也就是放在了「關注圈」上；而後面的談話者把著力點放在了自己身上，放在了自己的行為能夠影響什麼事情上，即放在了「影響圈」上。

天氣、新聞、交通、房價、娛樂八卦、別人說的話、別人做的事都屬於關注圈；個人的能力、情緒、知識、信念、行動則屬於影響圈。

由於生活在大環境中，每個人的關注圈都會大於影響圈。如果我們把過多精力放在自己無法掌控的事情上，就會大大壓縮影響圈的範圍，畫地為牢；反之，如果我們把精力放在自己能有所作為的事情上，就會發現自己可以「說了算」的事數不勝數，比如：

- 以什麼樣的心情去上班；
- 以什麼樣的狀態和同事相處；
- 要不要對自己的工作進行整理、分類；
- 要不要提升溝通能力；
- 要不要提升時間管理能力；

- 要不要忽略那些不重要、不緊急的問題；
- 要不要為達成心中的願景做點兒什麼。

你已經對現狀進行了細化（拆分）與量化（列資料／用「1 − 10 尺規法」打分），清晰地看見了問題本身。那麼對於拆分得到的多個子問題，是「同時」解決還是先解決其中一些問題呢？

一個解決子問題的簡單原則是，**從自己能掌控的問題開始，從簡單易行的問題開始，從容易見到成效的問題開始。**

這並非避重就輕，而是為解決問題提供一種「原始動力」，隨後它將撬動整個大問題的解決。

> 不要讓你不能做的事情，干擾你能做的事情。
>
> ——約翰・伍登（John Wooden）

在 Z 先生經常加班的問題中，他一開始把注意力放在上級單位、供應商以及客戶身上，堅定地認為自己處於完全被動的局面，別無選擇。

我請他先排除「暫時不能改變」的，用紅色的「×」標記出來，以下是他的回饋。

- 主管臨時分派的任務。×
- 參加跨部門會議。×
- 提交緊急彙報材料。×
- 參加培訓。×
- 供應商維護。×
- 客戶維護。×

‧協調配合工作。✕

排除「暫時不能改變」的子問題後，剩下的部分浮出了水面。

‧技術工作　3 小時

‧報告出錯，需要重做　0.5 小時

‧手機溝通分散精力　1 小時

‧與下屬溝通工作安排　1 小時

Z 先生意識到，這 4 項工作加起來要花 5.5 小時──占總工作時間的一半！如果先從它們入手，再循序漸進地處理其他子問題，解決「工作太忙」的「問題之王」就有眉目了。

他不再認為自己是無奈、無力的，說話的聲音都洪亮了起來。這就是因為他改變了可以改變的，暫時接納了無法改變的。也許現在無法改變的事情，隨著能力和影響力的提升，在不久的將來也會被他改變。

大量問題解決實踐證明，**對於任何問題，只要你將它拆分得足夠細，就總能找到自己可以掌控的方面**。如果你目前還沒找到可以掌控的方面，請繼續拆分問題，直到發現突破口。

也就是說，**對於任何問題，你都要相信自己總是可以做點兒什麼的**──這種信念對問題管理者來說至關重要，能讓我們永遠都為自己保留一份自由。

說了工作中的例子，我們再來看看學習中的故事吧。國二學生小 C 在學校的表現很不好，是老師和同學眼中的「問題學生」。班導師列出了他的問題清單：不抄寫老師留下的作業、不完成作業，上課與同學說話、打瞌睡、傳紙條、從不舉手發言，等等。

我問小 C：「**如果只解決上面的一個問題，最容易解決的是哪一個？**」

他毫不猶豫地說，最容易解決的是上課從不舉手發言的問題，「不就是舉手嗎？誰不會呀？」

第二天，小 C 在語文課上舉了一次手，令老師非常驚訝，他的回答獲得了同學們的熱烈掌聲。這是小 C 上國中以來第一次舉手發言，他為自己創造了一次成功的體驗。此後，他更積極地參與課堂互動。一個月後，小 C 獲得了上國中以來的第一張獎狀。在完成問題拆分後，如果我們選擇從最難的子問題開始解決，並且長時間無法解決，無論是誰都容易失去解決問題的信心，甚至放棄。相反，如果我們從自己能掌控的、比較容易的問題入手，往往很快就會獲得成功的體驗。

千萬別小看「成功的體驗」，它會令人在艱難的問題面前擁有更強的自我效能感，促進解決問題能力的提升，推動其他子問題的解決。不僅失敗是成功之母，成功更是成功之母。再看看前面提到的「員工幸福感低」的問題，雖然它已經被拆成了 5 個子問題，但似乎哪一個都不容易解決，更不可能同時解決。我問提出問題的小組想從哪個子問題入手，他們有些猶豫。我又問，哪個子問題最難？他們說解決工資的問題最難，因為那是公司層面的問題，得放到後面去解決。於是就剩下了其他 4 個子問題。我們再來看看這 4 個問題之間是否有聯繫。他們把注意力放在了第三個問題上，即每天至少有 4 個事項需要重複回饋。之所以這樣選是因為：

- 這個問題是自己可以掌控的，相對容易解決；
- 這個問題涉及重做、重複勞動，解決後能節約很多時間，對解決第一個問題有幫助；
- 這個問題如果解決了，說不定能提升團隊績效，對解決第五個問題有幫助。

　　就這樣，這個小組優先鎖定了「每天至少有 4 個事項需要重複回饋」這個「問題之王中的問題之王」，也就是核心子問題。在此提示一下，提升工資水準的問題並非無法解決，我們會在下一章解決這個看似無解的問題。至此，作為問題管理者，你已經掌握了如何用事實性語言（而非觀點性的高度概括）來描述你的問題，如何細化並量化問題，如何找出核心子問題。

　　這是一張「現狀拆分清單」。現在，請你把自己的「問題之王」徹底拆分，在清單中寫出拆分出的子問題並進行量化。

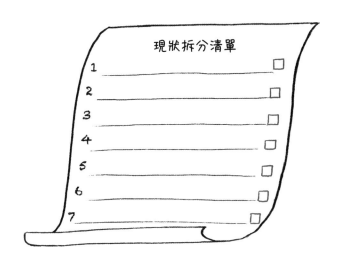

接下來請你邊看這張清單，邊問自己以下幾個問題。

・這裡面哪個問題最容易解決？

・這裡面哪個問題是自己可以掌控的？

・這裡面哪個問題的解決能明顯看到效果？

- 這裡面哪個問題的解決會帶動其他問題的解決？
- 這裡面哪個問題的解決能讓更多人受益？

回答這些問題能夠幫助你確定哪些問題要優先對待，哪些問題可以稍後處理。請你用一支紅色的筆，在你確定要優先解決的子問題（一個或多個）後的小方格內打「✓」。

別擔心，隨著你的影響力不斷提升，其他小方格也會一一被你打上「✓」，問題的解決會逐步推進。

此時，你無須思考「為什麼」會出現這樣的問題，無須指責自己和他人，無須糾結於過去，無須糾結於原因，無須後悔，只需要問──我要的是什麼？我可以做點兒什麼？

第 6 章

問題背後藏著目標
──注意！轉機來了！

一個人在描述問題時，往往會說很長時間，他們深究「為什麼」會
產生問題，「為什麼」問題偏偏出現在自己身上，不知不覺就陷入
了問題漩渦。在解決問題的過程中，一個最明顯的分水嶺就出現在
這個階段──從問「為什麼」，到問「要什麼」。

在這一章中，你將從問題思維轉換到目標思維，找到藏在「問題之
王」背後的目標，為自己制定真心嚮往且真正有效的目標，把握解
決問題的轉機。

1. 無法掌握主動權？扣住明確的目標

當你翻到這一章時，我要特別恭喜你，因為你已經通過此前的閱讀確定了「問題之王」、找到了關係人、明確了現狀，還讓核心子問題浮出了水面。馬上，你就要看到解決問題的真正轉機了！

相傳撒哈拉沙漠中有一個小村莊，它在被發現之前是一塊貧瘠之地，那裡從未有人走出過沙漠。

一位探險家聽說了這件事後，向當地人詢問未走出過沙漠的原因，結果每個人的回答都一樣：從這兒出發無論向哪個方向走，最終都會回到這個地方。

他決心做一次試驗：他從村莊出發向北走，結果三天半就走出來了。**他發現，當地人之所以走不出沙漠，是因為他們根本就不認識北斗星。**

於是他告訴當地一位青年，要想走出沙漠，只要白天休息，夜晚朝著最亮的那顆星的方向走，就一定能走出去。那位青年照著他的話去做，3 天後果然走到了沙漠邊緣。青年人也因此成了當地的開拓者，他的銅像被豎在村莊中央，銅像的底座上鐫刻著一行字：「新生活從選定目標開始。」

你的北斗星在哪裡呢？

☺ 小心，別陷入問題漩渦

在過去大量解決問題的實踐中，我發現許多人在拆分了現狀後，會不斷地追問「為什麼」，百思不得其解。

• 為什麼是這樣？

- 為什麼還是不行？
- Ta 為什麼這麼説？
- Ta 為什麼還不改變？
- 為什麼我這麼倒楣？
- 為什麼不好的事偏偏發生在我身上？

「為什麼」是一個永無止境的問題，它指向的是已經發生的事情。當深究「為什麼」時，當事人非常容易陷入問題漩渦。

我有一位家人很怕冷，每到 10 月中旬就開始苦惱：為什麼這麼冷？風怎麼這麼大？天氣變化得也太快了，北京的秋天怎麼跟冬天一樣！我記得前天還很舒服呢！明明才 10 月啊……

他屋裡的窗戶像夏天一樣大開著，而他僅穿著一件單薄的襯衫，腳踩著一雙涼拖鞋。這時我通常會遞給他一杯溫水，問：「要怎樣才能暖和一點兒呢？」

在解決問題的過程中，一個最明顯的分水嶺就發生在這個階段──從問「為什麼」，到問「要什麼」。

通過第 1 章你已經了解到問題＝｜現狀－目標｜。每個問題的背後一定藏著一個目標，解決問題的轉捩點就在於，**從問題思維轉換到目標思維**。讓我們先來看看這兩種思維的區別吧！

問題思維	轉換	目標思維
看向過去	→	看向未來
聚焦於「不想要的」	→	聚焦於「想要的」
思考為什麼發生	→	思考怎樣去解決

問題思維	轉換	目標思維
這是誰的錯，誰是「罪犯」	→	誰能提供支援，誰是「盟友」
證明自己沒錯，相互防禦	→	集思廣益，達成共識
氛圍緊張，批評、委屈、內疚	→	氛圍輕鬆，欣賞、鼓勵、憧憬
被問題管理，陷入問題漩渦	→	主動管理問題，邁向目標

一個人在描述問題時，往往會說很長時間，越說越委屈，越說越憤怒，腦海裡的一幕幕都是令自己悲傷或討厭的畫面。當我問他們：「對於這個問題，你的目標是什麼」時，有的人啞口無言，因為他們一直忙於處理眼前的麻煩，似乎從沒想過問題背後還有目標這回事。

當一個人暫停思考「為什麼」，轉而思考「要什麼」時，你能明顯感受到 Ta 狀態的變化：他的聲音會情不自禁地洪亮起來，眼睛變得有神，連坐姿都會變得比之前挺拔。他的腦海中浮現的不再是令他糾結的問題，而是心中的願景。

每當這時，我都會明顯地感受到——**問題就快有解了。**

在一次 KSME 問題解決課堂上，大家都很投入地參與互動，可有一位女士一直是一副睜不開眼睛的樣子，我看得出她在強打精神。在分享環節，她說自己昨晚幾乎沒有睡著，她住的酒店雖然很好，但卻是新裝修的，而她對裝修產生的氣味很敏感，一整晚都頭暈、流淚、鼻塞⋯⋯非常痛苦。

有的學員問她為什麼沒有換酒店，她說一開始覺得很倒楣，但忍忍就過去了，到了深夜，心想時間已經過半，再忍忍就天亮了⋯⋯於是就

這樣一直煎熬了 10 個小時。

說來也巧，她住的酒店和我預訂的酒店是同一家。和這位女士一樣，我也對「裝修的味道」很敏感；但與她不同的是，我第一時間就換了一家酒店。

在問題面前，我首先想到的就是目標：晚上休息好，確保第二天有最佳的授課狀態。基於這一明確的目標，我更換新酒店的標準就變得很簡單：乾淨、沒有異味即可。

在出差選擇酒店時，這樣的目標始終在我心中，儘管有時是要付出代價的，比如原本預訂的酒店不全額退款。但與明確的目標相比，這個代價是可承受的，所以遇到類似問題時，我從不等待、從不忍耐，而是會在目標的驅動下排除一切干擾，立即採取行動。

因此當你陷入糾結時，不妨拿出一張紙，在上面寫下你想要的到底是什麼，並把注意力重新放到「為了實現這個目標，我能做點兒什麼」上。

至此你已經發現了，解決問題的真正轉機在於，**不再和問題硬碰硬，而是繞到它的後方，讓藏在問題背後的目標重現。**

這就需要把一個具體的問題轉換成具體的目標。在語言上，我們可以把「為什麼」、「都是因為」、「太倒楣了」轉換成「要如何」。

- 真是太冷了。→要如何讓自己暖和一點兒呢？
- 我的身體都是被主管和同事給氣壞的。→要如何恢復健康呢？
- 我不喜歡 Ta 拒絕和我溝通的樣子。→要如何與 Ta 順暢地溝通呢？
- Ta 又對我撒謊了。→要如何讓 Ta 與我坦誠相待呢？
- 我的團隊工作效率太低了。→要如何提升大家的工作效率呢？
- 客戶又沒談成，太糟糕了。→要如何使接下來的客戶與我簽訂協

定呢？

- 我又暴飲暴食了。→要如何才能養成良好的飲食習慣呢？
- 我又失眠了，明天肯定又沒精打采的。→要如何更好地安睡？我能做些什麼保護自己的身體呢？

現在，請你思考一下：**藏在你的「問題之王」背後的目標是什麼呢？**請你在下方的橫線上寫下來。

😀 目標是越多越好嗎？大膽剪掉你的「藍莓枝」

既然找到問題背後的目標是解決問題的轉機所在，那麼，目標是越多越好嗎？麥克・弗林特（Mike Flint）做了華倫・E・巴菲特（Warren E. Buffett）的私人飛行員 10 年之久，但他在事業上有更多追求。一次，弗林特主動找到巴菲特探討自己的職業生涯目標。

巴菲特首先讓弗林特寫下自己職業生涯中最重要的 25 個目標。於是，弗林特列出了一份長長的目標清單。之後，巴菲特請他在這張清單中挑出他最看重的 5 個目標，並重新列在另一張紙上。弗林特照做了。現在，他有了兩張清單。巴菲特問弗林特：「你現在知道該怎麼做了嗎？」

弗林特答道：「知道了，我會馬上著手實現這 5 個目標。至於另外

20 個，它們並沒有那麼重要，所以可以在閒暇時間裡慢慢把它們實現。」

巴菲特聽完後說：「不！弗林特，你完全搞錯了——**那些沒有被你挑出來的 20 個目標，是你應該盡可能避免去實現的。**你應該不允許這些事占用你的任何時間與精力，直到你把挑出來的 5 個目標實現。」

這就是巴菲特的雙目標清單系統（Two-List System）：一張是「要去做的清單」（To do list），另一張是「盡可能避免去做的清單」（Avoid at all cost list）。

許多人了解目標的重要性，為自己設定了很多目標，躊躇滿志、努力奮鬥，最終卻沒能如願。實際上，他們還未了解**「盡可能避免去」追求某些目標，和努力實現重要目標同等重要**，而前者非常需要勇氣和定力。

不久前，我種了一盆藍莓。植株剛到手時非常漂亮，我每日欣賞，

不捨得為它們剪枝，卻發現這株藍莓到了季節也遲遲不結果。

後來鄰居提醒我，細小雜亂的旁枝可能會開花，但永遠也不會結果，只有大膽地把它們剪掉，才能使有限的營養集中到主幹上。果然，在我剪去旁枝後，藍莓植株重新煥發了生機。

親眼見證這個過程對我啟發很大。每個人的時間、精力、資源都是有限的，如果目標過多、無法聚焦，結果會如何？不少人認為目標越多，成就越大。實際上，目標數量和成就大小之間成反比。

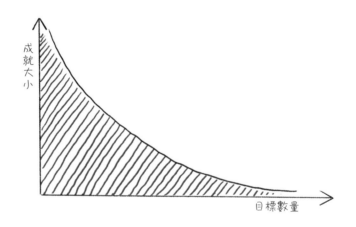

儘管認同聚焦於重要目標很有必要，但要真正放棄一些目標，我們還是不容易下決心，特別是當看到自己過去在這些目標上有所投入時，一想到要白白浪費已經投入的時間、金錢、精力等，就愈發捨不得放棄需要「斷捨離」的目標，糾結於沉沒成本。比如有的人意識到了玩遊戲會帶來不良影響，但依然捨不得放下，因為已經投入了很多；有的人發現自己並不需要考取某個證書了，可是書都買了，也看了 1/4，還是會花大量時間準備

與人生目標無關的考試。不過，請你不要忘了機會成本的存在。如果不玩遊戲了，空出的時間可以用來做些什麼呢？如果不考這個證書了，多出的精力可以用於做些什麼呢？做別的事會帶來怎樣的價值？

對機會成本的分析，能夠幫助我們在決策時突破沉沒成本的束縛，聚焦於對自己真正重要的目標。在我上大學時，很多同學對織毛衣特別感興趣，我也不例外，當時還有點兒上癮，只要有時間就織。在我織到大約 1/3 時，有同學提醒我尺寸太小了，建議我拆了重織。

這個建議太打擊我了，要拆的可是我 20 多天的心血呀。我沒捨得拆，於是繼續接著織，還抱著一線希望：萬一尺寸合適呢？我心裡有所懷疑，但手上沒有停止。而第 30 天左右，當我織到袖口時，我發現尺寸真的太小了，根本不可能穿得下。理智告訴我，別織了，趕快拆了吧，但那份不捨依然強烈，甚至比以往更加強烈──因為沉沒成本越來越高。

怎麼辦呢？我突然發覺是時候做出一點兒改變了。雖然當天我沒捨得拆，但把毛衣鎖到了櫃子裡；第二天我也堅持住了，一針都沒有織；第三天，我把毛衣從櫃子裡拿出來，愉快地全部拆掉了。拆掉毛衣的那一刻，是我 30 多天以來最輕鬆的時刻。如果說沉沒成本決定人們應該如何看待過去，那麼機會成本就決定人們應該如何看待未來。花費你的一部分過去，去購買一個新的未來，是不是很有價值呢？對一些目標來說，不去實現它就是成功。

知止而後有定，定而後能靜，靜而後能安，

安而後能慮，慮而後能得。

──《大學》

很多人說，我們兩位作者最大的優勢並不是有天賦或資源，而是能「聚焦」。雖然 10 年來遇到了很多機會和誘惑，但我們始終聚焦於一件事──解決問題，且從未動搖。

我們不是在做問題研究，就是在幫助他人解決實際問題，不是在分享問題解決課程，就是在培養問題解決專家。我們所有的工作都圍繞著「解決問題」這一個目標，並把它升級為使命來完成。

此刻，你可能也聯想到了自己的人生目標，它是什麼呢？

如果你手邊有紙和筆，請嘗試列出你的「雙目標清單」，為自己填寫一份「要去做的清單」和「盡可能避免去做的清單」，明確自己要專注於哪個重要目標，要大膽地剪掉哪些「藍莓枝」。

為了更好地釐清思路，你還可以這樣問問自己，聽一聽自己內心的回答：

- 我在事業和生活上的目標分別是什麼？
- 我想擁有怎樣的經歷？
- 如何將所有目標按重要性排序？
- 哪個目標對我的影響最大？
- 這個目標和其他目標有什麼聯繫？
- 我想在什麼時候實現這個目標？
- 如果這個目標現在就實現了會怎樣？

☺「被提拔的希望落空」：目標需要轉向

但是，假如聚焦了一個目標、長期為之投入精力，到了時間節點卻沒能達成怎麼辦？問題不就無解了嗎？

　　一位女士因為沒被提拔鬱悶不已，她說自己整個人就像癟了的氣球，再也提不起工作的幹勁。她強調自己的主管曾在 3 年前承諾：「只要你好好做，有機會我一定提拔你。」於是她就把「3 年後被提拔」作為自己的職業目標。

　　她氣餒地說，這是職業生涯裡的一個大機會，自己卻沒抓住。她苦苦地糾結：「3 年來我努力工作，做出了很多成績，可最終沒被提拔，太不值得了！」她陷入了深深的痛苦中，無法自拔。

　　我認真聆聽她的講述，理解她的感受，並通過提問幫助她進一步了解自己的目標。

　　問：「你為什麼希望被提拔呢？」

　　答：「提拔後薪水並不會怎麼漲，我只是希望自己更有影響力。」

　　問：「怎樣的影響力呢？」

　　答：「用自己的經驗和知識影響更多人吧。」

　　問：「大概是多少人呢？」

　　答：「要是被提拔，我能影響 80 個人！」

　　問：「只有在這個職位上被提拔，才能影響這麼多人嗎？還有其他路徑可以達成這個目標嗎？」

　　最後的問句，成為這位女士從極度痛苦到充滿希望的轉捩點。她意識到，原來自己沒有失敗，更不用放棄夢想—— 3 年前設定的目標現在只是需要轉向。

　　她在一番分析後發現，自己雖然沒被提拔，但正是因為有這樣一個目標牽引，她才在 3 年內迅速提升了自己的業務能力、溝通能力、演講能力，她還成功考取了管理學在職研究生。

　　這樣的一個目標是不是很有價值呢？有了它的驅動，3 年的工作充實而有意義，也激發了她個人成長的願望。人生沒有白走的路，每一步都算數。時過境遷，被提拔是 3 年前的目標，如果當時的目標是「3 年內具備被提拔到那個職位所需的知識、能力和素質」，這樣的目標就是自己能掌控的。

　　這位女士說，是時候思考一下自己下一階段的目標了。她綜合分析了自己的經歷、經驗、興趣、能力、性格、年齡等因素，使自己原來的目標完成了轉向── 5 年內成為一名職業講師，用自己的經驗、知識和能力為更多人帶來正面影響。

　　當想到這個新目標時，她興奮地說：「我過去一直按部就班地在公司的賽道上比拚，這還是我人生中第一次自己規劃職業生涯呢，看來問題就是機會！」3 年過去了，她現在成了一位優秀的職業講師，在講台上綻放光彩，至今已經影響了 2000 多人──遠超當時影響 80 人的目標。

　　如果你在努力實現一個很久以前設定的目標，要不要停下來思考，這個目標是否依然是心中所想？如果你奮鬥在實現目標的路上，驀然回首，發現舊目標已不再是你想要的，要不要讓目標轉向、重新煥發生機呢？還記得上一章中的「員工幸福感低」的問題嗎？小組成員們認為，工資低是幸福感低的重要原因。於是我問：「你們的目標是提升工資，還是提升收入？」大家很不解地看著我問：「這不都一樣嗎？」

　　很多人認為自己的工資太低，把目標定為「漲工資」，但因為這個目標涉及公司制度和公司本身的發展，想要達成並不容易。一個人在聚焦於自己難以把控的事情時，很容易陷入問題漩渦，認為自己在問題面前完全被動，毫無招架之力。

　　實際上，這個目標並非無法達成，只是在等待轉向——**把提升「工資」轉為提升「收入」**。工資的來源是單一的，但收入是多元的，不僅包含工資，還包括理財收入、副業收入等。

　　至此，我們思考的不再是「如何說服公司大幅漲工資」，而是「我可以通過怎樣的途徑、為社會提供怎樣的價值，來提高自己的收入水準」。目標之所以需要轉向，是因為我們在某些情況下，**把達成目標的路徑當成了目標本身，誤認為「只有這一條路通往目的地」**。實際上，這一條路的旁邊可能有 5 條、10 條、20 條路隨時供你切換。

　　有的人在辭職創業後受挫，找到我說：「我的目標是回到辭職前。」這可是要乘坐時光穿梭機才能達成的目標！溝通後，他進一步明確了自己的願望，並使藏在「問題之王」背後的目標轉向「找回熱愛生活的動力，就像辭職前那樣」。一位女士說「我的目標是離婚」。我問：「這真的是你的目標嗎？」如果她把離婚作為目標，那直接辦手續就可以實現了。進一步明確後，她把目標轉向「提高自己當前的生活幸福感」，並且發現離婚只是路徑，不是目標。

　　一位年輕女孩說「我的目標是減肥」。事實上她已經很清瘦，如果繼續以減肥為目標，勢必會損害健康。一番分析後她終於發現，自己的目標並不是「減肥」，而是「成為一個更有魅力的人」。魅力包含多方面的內容，減肥只是其中一條路徑，遠不是目標本身，甚至還會阻礙她達成目標。

　　在本章的第 1 小節，你已經找到了藏在「問題之王」背後的目標。現在你可以重新審視一下這個目標是否需要轉向。如果需要，請你簡單修改一下。

☺ 平衡你的目標：別讓生活倒向一邊

還記得第 3 章的價值羅盤嗎？你當時用這個工具判斷了哪個問題是真正重要的。接下來，你將進一步利用它視覺化目標之間的關係。

在以企業管理層為授課物件的 KSME 問題解決課堂上，我設置了這樣一個環節：請每個小組在價值羅盤上填寫企業看重的價值，並為這個價值目前實現的情況打分。以下是一個小組得出的結果。

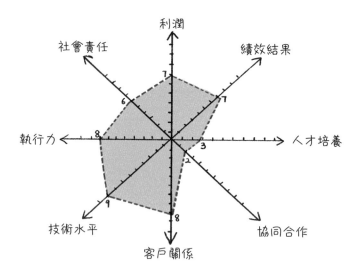

在以家庭為授課物件的問題解決課堂上，我也設置了類似的環節：請每個家庭討論自己希望實現的功能，並為功能的實現情況打分。以下是其中一個家庭呈現的結果。

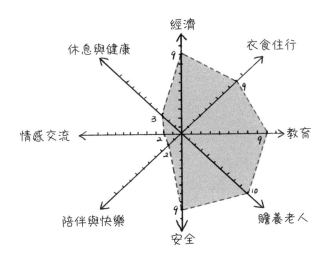

　　可以看到，這兩張圖都出現了明顯的失衡。

　　我們不妨設想一下，如果一家企業在看重的幾個價值上倒向一邊，對企業的長遠發展會有怎樣的影響呢？如果一個家庭在想要實現的功能方面出現了嚴重漏洞，對家庭幸福會有怎樣的影響呢？

　　一位創業公司的總經理很勞累，身體拉響了警報，孩子也退學在家，但他堅持認為公司上市是他唯一的目標，說「為此累倒也心甘情願」。他很少回家，即使偶爾回去了也把家當成賓館，不和家人做任何交流。試想，如果公司沒能順利上市，他會面臨怎樣的情況？

　　一位母親認為，孩子上明星高中是她唯一的目標，她因此每天為孩子成績的起伏焦慮不已。她不僅放棄了自己的生活，和另一半的溝通也只圍繞著孩子轉，家庭氛圍很緊張。試想，如果孩子沒能如她所願考入理想高中，這位母親該何去何從呢？

　　一位孝順的女士因為母親去世時自己身在國外，沒能見母親最後一

面，深感愧疚，陷入極度悲傷的情緒中半年之久，身心都出現了明顯的問題，沒有精力陪伴另一半和孩子，對生活失去了信心……

此刻，他們的價值羅盤因只有一個價值而出現了嚴重的傾斜，就像大海裡的艦船失去平衡一樣，隨時都有翻船的危險。

- 有的主管只把提升績效作為目標，卻忽略了團隊建設與員工的成長。
- 有的員工只把漲工資、獲得獎金作為目標，卻忽略了個人的長遠發展。
- 有的家長只把提升孩子的成績作為目標，卻忽略了對孩子性格和品質的培養。
- 有的孩子只把發展同學關係作為目標，犧牲了學業發展。
- 有的人只把財富增長作為目標，犧牲了自身健康和對家人的陪伴。
- 有的老人只把照顧子孫作為目標，犧牲了自己的生活。

在大多數情況下，我們都不能只有一個目標，都需要對重要的目標進行平衡。你不僅是企業老闆或主管和員工，也是另一半的伴侶、孩子的父母、父母的孩子，同時，你還是你自己。你的目標，也需要與這些角色相關。為了不讓目標倒向一邊，**最簡單的方式就是根據馬斯洛需求層次理論，為自己設立不同層次的目標。**

舉個例子，我的 3 個目標分別是保持健康、家庭關係良好、KSME 事業成功，分別對應我的價值羅盤中最重要的 3 個價值維度。

- 保持健康是基礎生理需求，對應馬斯洛需求層次理論的第 1 層，即生理需求。
- 家庭關係良好對應馬斯洛需求層次理論的第 2 ～ 4 層，即安全、歸屬、尊重需求。

・KSME 事業成功對應馬斯洛需求層次理論的第 5 層，即自我實現需求。

這 3 個方面相互促進，相互支撐，相輔相成，缺一不可。我一想到這 3 個方面，就感覺心裡很踏實。

每天早上我都會被心中的夢想叫醒──心系健康、家庭、成就這 3 駕馬車。每天早上我都會刻意想一想：今天要為這 3 個目標做點兒什麼呢？每天晚上，我都會用兩分鐘的時間做個總結。也許我們還沒有為實現某個目標採取實質性的行動，但只要花時間做了思考，就是收穫；即使做錯了什麼，只要在這個目標上留下「印記」，就是貢獻。

值得注意的是，人們在追求最高層次的需求「自我實現需求」時，容易停不住腳步：有的人忽視了健康、忽略了安全需求、漠視了關係，也就讓自我實現失去了支撐，變成了危險的空中樓閣。現在你已經了解了平衡目標的重要性，作為問題管理者，你不會讓自己的生活倒向一邊。在第 3 章，你完成了自己的價值羅盤，請你參考本節的內容，在下圖中用 1 ～ 10 分為這些價值的實現情況打分，並用線將它們相連，借此查看一下自己的目標是否平衡吧！

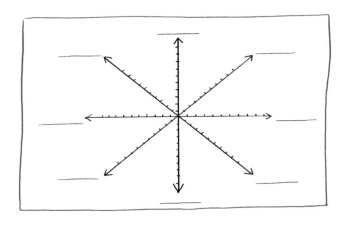

2. 為什麼 flag 總是倒──你的目標符合 SMART 原則嗎？

有人說自己是有目標的，但 flag 卻總是倒（flag 原指旗子，在此以倒下的旗子形容難以實現的目標）。想多運動，堅持不下來；想少喝點兒酒，做不到；想多讀幾本書，也沒完成……他們開始自我懷疑，甚至給自己貼上了「說話不算數」的負面標籤。

😀 目標難以實現，並非因為你不夠努力

此刻，請回想一下你過去成功達成目標的經歷。

- 你想和某個你喜歡的人結識，你做到了。
- 你想去一個遙遠的地方旅行，你到達了。
- 你想考取某所學校，你成功了。
- 你想去某家公司就職，你實現了。
- 你想獲得某個證書，你拿到了。
- 你想生個寶寶，你擁有了。
- 你想換個職位甚至換個公司，你成功了。
- 你想辭職創業，自己當老闆，你也實現了。

這些目標比「多運動」、「少喝酒」、「多讀書」等目標要大得多，看起來也更難實現，可你卻統統做到了。這是為什麼？這些目標是如何實現的？

你或許很少思考這樣的問題。在實現一個接著一個目標的過程中，

我們容易像陀螺一樣轉個不停，但找到這些問題的答案事關重大。

請你暫時停下腳步，先思考下列表中的 5 個問題，並將答案填寫在表中。

最令你感到自豪的是哪個目標的實現？	
這個目標當初是如何設定的？	
你在目標實現過程中遇到了怎樣的挑戰？	
你是如何堅持下來的？	
這個目標的實現給你帶來了什麼？	

看一看你填寫的答案，你發現了什麼？它們是不是蘊含著一項非常重要的因素——達成目標的強烈願望？你當時的願望有多強烈，克服困難的勇氣就有多大，成功的可能性就有多大。

你或許發現，如果目標只是說說而已或者只是有一點願望，目標往往很難實現。

下面這張表描述的是目標達成率與願望強度之間的關係。在上一節，你已經找到了藏在「問題之王」背後的目標。現在，請你把這個目標與下面的表格內容相對應，看一看你實現這個目標的願望強度如何。

願望強度表

願望強度	定義	表現	結果
10%	有點兒想實現	「隨便說說而已」不願付出，不知從何開始，不見行動	達成率幾乎為 0%，很快就會忘記自己曾經還這樣想過
50%	想實現	「目標實現不了也沒關係」，有行動，一旦遭遇挫折就會很快放棄目標	達成率為 10% ～ 20%
70%	很想實現	「這是一個認真定下的目標」，但欠缺決心，認為自己曾經努力	達成率為 50%，可能因運氣好而成功，也可能運氣差而失敗
90%	非常想實現	雖然願望強度很高，但潛意識中仍存在一絲放棄的念頭，可能無法排除萬難，始終堅持，距離目標達成只有一步之遙	達成率為 90%，但「行百里者半九十」，仍有無法達成目標的風險
100%	一定要實現	擁有不動搖的信念，能夠自我賦能，投入地尋找達成目標的方法，排除干擾、戰勝萬難——這樣的願望強度很罕見	達成率接近 100%，一定能找到最有價值的解決方案並達成願景

　　如果你仔細觀察這張表就會發現：**設定目標時，最重要的並不是「如何」實現這個目標，而是「為何」要設定這個目標。**為何，就是在強調目標的意義和價值，這也確保了更高的願望強度。

　　很多情況下，解決問題的難點在於**「我想讓你實現我的目標」。人們通常認為由自己來給別人定目標、提要求是合理的。**

- 主管給下屬定目標：你要提升工作能力，你要和同事好好相處，你要多和客戶接觸，你要發揮模範帶頭作用。
- 另一半給伴侶定目標：你要努力增加收入，你要考 MBA，你要早

點兒回家，你要和我認可的朋友交往，你要多陪孩子。

- 家長給孩子定目標：你要考全班前五名，你要加強鍛鍊，你要多交朋友，你要早睡早起，你要多讀書，你要養成好習慣。

如果這些目標只是自己的願望，在制定過程中沒有納入對方的意見，對方就不可能產生足夠高的願望強度來支持目標的實現。

無論我們扮演怎樣的角色，無論如何權威，如果把自己的目標強加給他人，不僅最終的效果難以保證，還可能會傷害彼此的關係。**沒有人會用「自己」100% 的意願與付出來完成「別人」的目標──除非那也正是 Ta 的心之所向。**

我在過去許多問題解決案例中發現，「明確目標」這一步尤其需要下功夫。一旦確認了自己對實現目標的強烈願望，找到了真正屬於自己的目標，問題就解決了大半。我輔導過的一個「問題學生」，他在高三一年將總成績提升了 156 分。在我第一次與他溝通時，他的總成績不到 300 分，毫無學習的心思。

我問他高中畢業後的目標或願望是什麼，他想了想說：「開一個撞球室，只需要媽媽投資 10 萬元租一間地下室就夠了。」這個目標看起來不難實現，但是，這個目標對他而言意味著什麼呢？那真的是他想要的生活嗎？當被問到這些問題時，他在電話那頭沉默了片刻，說：「聽學長、學姐說，北京、上海這樣的大城市機會多，我也想見見世面。」我與他一起暢想今後的無限可能，設想他 10 年後的狀態，憧憬精彩的未來。到這裡他突然說：「誰不想考大學呢？我也想考上好大學！」他在發現自己「出去看世界」的願望強度遠遠高於開撞球室時，決定重新定義自己的目標。我問：「你確定想考大學嗎？這真的是你自己的願望嗎？」他

提高了音量：「我確定！」

　　在把考大學這個大目標拆分後，他發現一年的時間還來得及！後來我每兩週與他通一次電話，幫忙他排除干擾、達成願望。現在，他已經在一所知名的理工大學讀書了。在一次解決家庭問題的過程中，一對夫妻爭吵不休，差點兒去辦理了離婚手續。雖然他們在對話中一直抱怨彼此、惡語相向，但我仍能明顯地感受到兩個人深深地愛著對方，「離婚」只是衝動之中的口不擇言。

　　我請他們分別在紙上寫下自己的目標，令我吃驚的是，他們寫的內容完全一樣──「好好過日子」，5 個字寫得工工整整。我加強了語氣向他們確認：「這真的是你們的目標嗎？」他們說：「是的。」我再次確認：「你們確信？」他們使勁點點頭。一旦目標明確了，接下來該怎麼做，相信他們很快就會找到答案。現在，請思考一下你當前想要實現的目標。對於這些目標，你的願望強度到底是多少？請用 1% ～ 100% 來量化它們。

目標	願望強度
1	
2	
3	
4	
5	
6	
……	……

在填寫的過程中，你也許有了一些新的思考。你也許發現對目前已為之付出很多的目標，你的願望強度並不高，所以有些糾結；你也許發現對目前還沒有為之付出行動的目標，你的願望強度卻很高；你還有可能發現，有的目標需要重新定義──這項工作特別重要。

你是否有這樣的情況：你對目標的願望強度很高，但是目標還是不能實現？如果是這樣，我們就要看一看目標本身是否有效了。

😌 如何設定真正有效的目標？

相對於「多運動」、「少喝酒」、「多讀書」這樣的目標，你實現的令你最有成就感的目標究竟有什麼不同呢？

❶ Specific：你的目標具體嗎？

很多情況下，我們沒有實現設定的目標，並不一定是因為執行力弱，而是因為設定的目標過於籠統含糊、模稜兩可──有時我們自己都說不出目標具體是什麼。

回顧一下令你最有成就感的那個目標，是不是制定得十分具體？比如高考考上某某大學，1 年內考取某個證書，本季度談成 10 位客戶……

但是當切換到「多運動」的目標時，我們怎樣定義「多」呢？又如「少喝酒」的目標，怎樣定義「少」呢？再如「提升服務意識」的目標，是指在哪個方面進行提升呢？

如果我們把目標更新為「每天跑步 30 分鐘」、「每次內部聚會飲酒不多於 2 杯」、「1 年內客戶滿意度提升 10%」，就會大幅提升目標實現的可能性。

❷Measurable：你的目標可量化嗎？

仔細點兒、多穿點兒、細緻點兒、節約點兒……我們經常這樣說，也經常聽到這樣的話，但耳朵似乎早已對此產生了「免疫」能力。

「節約點兒」、「仔細點兒」的目標怎樣衡量是否達成呢？很難說清。這也就意味著，我們為自己制定了一個永無止境、沒有盡頭的目標，這很難激發我們的成就感。

如果你把「節約點兒」的目標轉換為「1 個月內節約用水 0.1 立方米」、「半年內只買 1 件新衣服」，把「仔細點兒」的目標轉換為「本次報告的錯別字不超過 2 個」……這些量化的資料指標就能夠幫助你判斷目標是否達成。

如果你覺得有些目標不好量化，你可以回到上一章，重溫一下量化的方法──盡可能用客觀的標準來量化你的目標。

❸Attainable：你的目標可達成嗎？

你曾實現的令你最有成就感的目標，是不是具有很高的可行性？它不是一個類似於「摘星星、摘月亮」的目標，而是一個「腳踏實地」的目標。

有的人說「我想回到過去」、「我想讓 Ta 收回那句話」、「我想讓這件事不發生」……無可奈何的是，在時光機發明之前，一個人永遠無法改變過去的事；有的人把目標定為「暴富」，這樣的目標不僅很難達成，還容易被詐騙機構利用。

這時候，目標需要轉向，轉換為一個可達成的目標。就像剛剛提到的，使「我的目標是回到辭職前」轉向「找回熱愛生活的動力，就像辭職前那樣」；使「暴富」轉向「通過理財、發展副業、創業等路徑，在 1 年內使收入提升 20%」。

❹Relevant：你當前的目標與「人生大目標」相關嗎？

在上一節中，你確認了自己人生中的重要目標。現在請回想一下最令你有成就感的那個目標，它是不是與這些「人生大目標」有關？是不是與你的理想、願景、熱忱相關聯？

比如你想考 MBA，這個目標可能與你想要「成為專業的管理者」、「經營一家優秀的企業」這樣的「人生大目標」相關聯。

有的人的目標是「成為專業的管理者」，但看到周圍的人考了很多別的證書，自己有些坐不住，覺得「技多不壓身」，別人考我也考，結果為自己設定了很多與「人生大目標」毫不相干的目標。這不僅沒帶來收穫，還為自己原來的重要目標帶來了干擾，令自己身心疲憊。

把自己當前的目標與「人生大目標」關聯起來，這一點非常重要，它能提醒你審視目標的意義和價值，不讓當前的目標變成一座孤島。所以在制定目標時請多問自己：**我為什麼要設定這樣的目標？我究竟要成為怎樣的人？**

不過，有的人一心想著實現「人生大目標」，也會忽略當前目標與「人生大目標」的聯繫。

一位研發人員找到我說，他也想成為一名講師，但覺得當下的技術工作和他成為講師後的工作無關，繼續現在的工作就是浪費時間，為此他非常苦惱，問我要不要辭職。

我很欣賞他的「人生大目標」，同時也引導他發現：他所在的平台非常出色，足以幫助他在當前的工作中逐步積累成為講師所必備的素質與能力。

比如，他可以主動為自己創造環境，加入公司的演講俱樂部，學習

公司提供的溝通課程、職業培訓師課程，找到自己擅長的領域，先成為企業內訓師，再慢慢成為他夢想中的獨立講師。

於是，這位先生長舒一口氣，開開心心地留在了公司，現在已經是一名非常受歡迎的內訓師。他感慨地說，自己當時要是衝動地離開了公司，不知後面要在哪裡才能積累成為講師所需的素質與能力，他非常慶幸自己把「人生大目標」與當前目標緊密相連。

❺Time-bound：你的目標有時限性嗎？

回顧最令你有成就感的那個目標，它一定有明確的截止期限，如「考上某某大學」、「1 個季度內績效提升 5%」、「6 個月內減重 3 公斤」，這一點非常關鍵。

目標達成的時限決定了路徑的選擇。就像你現在在北京，你的目標是去上海。從北京到上海的方式很多，你可以坐飛機、高鐵、汽車等。你想花多長時間到達呢？你想 1 天內到達還是 3 小時內到達？不同的時限，會讓你選擇不同的交通方式。

需要特別注意的是，所有的目標都是達成於未來某個時刻，而不是達成於此時此刻的。理解了這一點，我們就不會面臨下面這種糾結了。

一位新入職的員工說：「我想競聘那個職位，可是我**現在**能力不夠。」他忽略了可以給自己一段時間（如 2 年），在這個時間段內積累知識、提升能力，達到那個職位的人才標準，而不是輕易否定自己的目標。

現在你已經了解了，一個有效的目標要具體（Specific）、可度量（Measurable）、符合現實（Attainable）、與「人生大目標」相關（Relevant），並且具有時限性（Time-bound）。

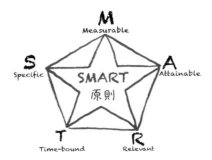

　　這就是 SMART 原則。它是由「現代管理學之父」彼得 · 德魯克（Peter F. Drucker）在《管理的實踐》中提出的目標管理方法。如果你能在制定目標時運用其中的精髓，就會一步步靠近自己的願景。在本章的第 1 節，你已經寫下了藏在「問題之王」背後的目標。現在請你回過頭來看一看，這個目標是否符合 SMART 原則？如果有些出入，請你重新定義你的目標，並把它再次清晰地呈現出來。

　　恭喜你！你已經設定了一個真正有效的目標！相信這個符合 SMART 原則的目標能夠把你帶到你想去的地方。

☺ 方向永遠優於速度：運用「5 分鐘」的智慧

在上一章，你已經拆分並量化了現狀，接下來你需要拆分並量化自己的目標。你打算從怎樣的目標開始呢？

一位女士說，自己的老公總是加班，回家很晚。她經常問他：「就不能早回來兩個小時嗎？」但他堅決地說「不可能」，還說她不理解自己。

我引導這位女士思考一下，早回家兩個小時的目標是否符合 SMART 原則中的「可達成」原則？她想了想，老公是研發部門經理，工作確實繁忙，「那讓他早回來 1 個小時？」

我問：「早回來多長時間是最容易實現的呢？」她想了想，恍然大悟：「就 5 分鐘！」於是第二天早上，她問老公願意每天早回家 5 分鐘嗎，他毫不猶豫地答應了。

一週後，她表達了對老公早回家的欣賞，並問可不可以再早 5 分鐘回家呢，他也痛快地做到了⋯⋯4 個月後，這位先生一點一點地把工作強度降了下來，幾乎每天都準時下班，偶爾還會主動接妻子下班。

一切改變都從實現「早回家 5 分鐘」這個看似小小的目標開始。實際上，**小目標裡包含的不僅是更低的難度、更小的壓力，還是一份理解與包容，一份信任與等候。**

試想，當這位先生發覺，妻子對跟自己多在一起 5 分鐘都很珍惜，也理解自己工作繁忙、不給自己施加額外的壓力，他會不會更努力地想要提升工作效率、早點兒回家？

對於上課從不舉手發言的孩子，我詢問他：「**能不能舉一次手？舉一次手就是成功！**」他很詫異地說，從來沒人向他提出這麼低的要求。兩個月後，這個所謂的「問題少年」得到了人生中的第一張獎狀。

對於想擺脫熬夜習慣的白領，我對她說：「**從今天起，每天早睡 5 分鐘就是成功！**」她認為這非常容易達成，只要少看一會兒手機就可以了。堅持執行了一個半月後，她已經能在晚上 11 點前入睡了。

一位高科技創業公司的總經理體重嚴重超標，他把「培養鍛鍊習慣」作為自己的目標。為此他請了很多位教練、辦了很多張健身卡，卻始終堅持不下來。找到我時，他已經 132 公斤了。我對他說：「**從今天起，每天鍛鍊 5 分鐘就是成功！**」

「鍛鍊 5 分鐘就算成功？」他如釋重負地笑了。以前，這位總經理想著鍛鍊怎麼也要 1 小時起步，就這還會被家人和教練說短呢，所以他總用「忙」作為拒絕鍛鍊的理由；但這次一天就鍛鍊 5 分鐘，實在是小菜一碟。他反而開始珍惜短暫的鍛鍊時間，每次都不小心超時。

6 個月後，他成功減重了 12 公斤。雖然還屬於超重人群，但他不再擔心自己的身體，因為他已經養成了鍛鍊的習慣，一天不鍛鍊就會感到彆扭；飲食上也漸漸配合每天的運動習慣，不再過量。他為自己貼上了一張新的標籤——「我是一個每天都會鍛鍊的人」。

以上我所做的，就是把一個令人望而生畏的大目標分解成最小、最容易執行的單元，然後和時間做朋友，耐心等待變化出現。

這麼做的前提是，我堅信 KSME 中的幾個核心理念，如「人人渴望成長」、「人人都會為自己做出最好的選擇」、「方向永遠優於速度」。

有人將小目標的智慧用在了勸人「還錢」上，他對欠款 3 年的朋友說：「我知道你是很守信用的人，這麼長時間沒有還錢肯定有苦衷。你看如果分期還給我，是不是能減輕你的壓力？」對方立刻答應了，每個月還給他 2000 ～ 4000 元，半年後還清了所有款項。

很多人容易輕視小目標的力量，認為只有在實現不了大目標時，才會退而求其次去實現小目標。實際上，讓小的改變發生再重要不過──小目標就是我們撬動今後所有改變的起點，**是它讓一切不再靜止。**

我們是人，不是機器，有自己的情感、自己的選擇。當發現一個小小的改變帶來了積極的影響時，我們會本能地進一步強化它、拓展它。

所以，無論你想解決的是自己的還是他人的問題，都請不要逼迫當事人一開始就實現宏偉的目標。你可以堅定地相信，只要向前一點點就是成功！

3. 距離目標還有多遠？── Δ 的推力

有了目標，就有了行動的動力。但在達成目標的過程中，以下這些想法對我們來説並不陌生。

- 實現戒菸這個目標的確有必要，但如果沒戒成，好像也不會怎麼樣。
- 改善團隊氛圍是很吸引人，但要是沒改善，好像也不會怎麼樣。
- 優化親密關係確實正確，但要是沒優化，好像也不會怎麼樣。
- 不再熬夜對我確實重要，但要是不早睡，好像也不會怎麼樣。

的確，有時候目標很誘人、也很重要，但不達成好像也不會怎麼樣。由此看來，**我們不明確自己為何而戰。**

如果説目標提供的是一種向前的拉力，那麼我們在解決問題時還需

要另一種力──來自代價的推力。

評估目標與現狀之差：明確自己為何而戰

　　根據問題的定義，問題＝｜現狀－目標｜，問題就是現狀與目標之間的差距 △。△ 越大，問題就越嚴重；而當現狀、目標完全相等時，△ 為 0，問題也就解決了。

　　換句話說，解決問題就是消除現狀與目標之間的差距 △ 的過程。

　　就像我們每年體檢一樣，體檢報告包含「檢查結果」和「標準值參考」，我們很容易看到它們之間的 △ 是多少，也就清楚問題是否嚴重。嚴重程度不同，解決方案就不同。

　　比如一個人發燒，體溫為 37.5℃，醫生可能叮囑 Ta 回家多喝點兒水，吃點兒清淡的食物，觀察觀察，不退燒再來；如果體溫為 40℃，醫生很可能會立刻為 Ta 打針、輸液。

　　這是因為 △ 越大，問題就越嚴重，如果不加以干涉，最終的代價可能會令人難以承受。

　　如果說考慮「目標」時想的是「採取了行動會怎樣」，在考慮「代價」時想的就是「不採取行動會怎樣」。目標給我們提供解決問題的拉力，而代價提供的是必要的推力。

　　請看下面 3 段話，哪一段令你感觸最深？

- 戒菸後，你能夠改善心肺功能，規避患癌風險，改善精神面貌，更加健康長壽。
- 資料表明，長期吸菸者的肺癌發病率比不吸菸者高 10 ～ 20 倍，喉癌發病率高 6 ～ 10 倍，冠心病發病率高 2 ～ 3 倍，循環系統發

病率高 3 倍，氣管炎發病率高 2 ～ 8 倍。

- 吸菸可能會讓你在 10 年後患上肺癌。一位肺癌患者這樣形容自己的疼痛：一開始是疼得生活不能自理，聞到飯菜味就會噁心反胃；接著，四肢開始發麻，半個身體失去知覺；隨後全身癱瘓，大腦無法控制四肢；如果癌細胞壓迫到神經組織，就會感受到刺痛、電擊痛、燒灼痛、神經疼痛等。

幾乎所有看過這 3 段話的人都認為第三段話最讓人難忘。一次，問題解決課堂上的學員們在看到這段話後，集體決定戒菸。

這段話之所以如此有力，是因為它清晰地描述了不戒菸的代價，讓人想像到了不採取行動戒菸可能會帶來的切身痛苦，發現這一 △ 是致命的。

事實上，如果一個人只看到了達成某個目標的好處，卻看不到達不成目標的代價，很容易在後續過程中喪失行動力。

我們都知道拖著某個問題不解決是會有代價的，但作為問題管理者，你不會簡單地說「代價很大」、「代價很小」，你會用已量化的現狀減去已量化的目標，算出 △，把不採取行動的後果清晰地擺在眼前。

不過別有壓力，所有的目標都是由你自己定義的，並且符合 SMART 原則中的「可達成」原則，是踮踮腳就可以夠到的。此外，你還可以利用「5 分鐘的智慧」把宏大的目標變成里程碑式的小目標，徐徐圖之。

還記得那個高中畢業後想要開撞球室的「問題學生」嗎？當他算出自己高願望強度的目標與現狀之間的 △ 後發現，如果再不做出改變，他將錯失一次改變命運的機會，他原本可以把握住的「過另一種生活」、「見見世面」的機會。

　　他突然發覺，那不是他想要的青春。那是他第一次直觀地看到現狀與目標之間的差距，那時他改變現狀的意願已經非常強烈了。

　　還記得 Z 先生「經常加班」的問題嗎？他在對應子問題的現狀列出了目標後，算出了目標與現狀之間的差距——加起來 2 個多小時。

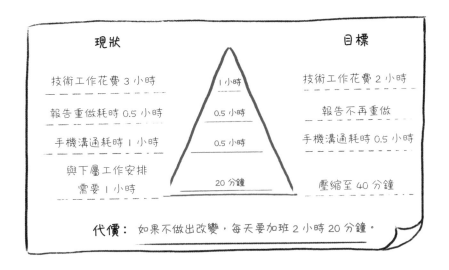

　　也就是說，如果不改變現狀，他每天會白白多工作 2 小時 20 分鐘，一週就是近 11.7 小時，按照 8 小時工作制計算，他一年就約多加了 70 天班！

　　Z 先生想，如果把這些時間用於和另一半、孩子相處，或用於發展個人興趣和學習，生活該有多麼的不同？

　　每當走到這一步時，大家都會感慨——**原來生活「完全可以」變得更好，並且「很有必要」變得更好。**

在上一章，你已經把自己的「問題之王」徹底拆分開，並在「現狀拆分清單」中選出了核心子問題。

現在，請你把「現狀拆分清單」中打「✓」的核心子問題，填寫到下圖左側的虛線上，並在右側虛線上寫出每一個子問題對應的子目標，之後算出每一個目標與現狀之間的 △，填寫在中間的三角形裡。

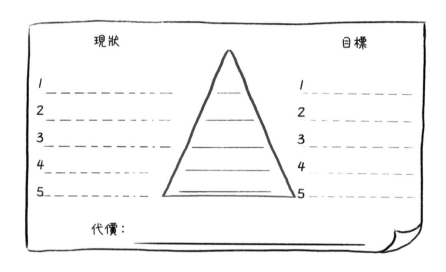

之後，請你根據算出的 △，在圖的最下方寫出如果不縮小這個差距會付出怎樣的代價。你是否可以接受這樣的代價？

☺ 你的生活是「他律」還是「自律」？

恭喜你找到了藏在「問題之王」背後的目標，也明確了不採取行動的代價，對於問題的解決來說，這真是了不起的成就！我想你此刻一定

很有動力去實現目標，這是一個令人振奮的開始！

但是隨著時間的推移，你可能仍會受到一些干擾。很多人在設定目標時心潮澎湃，過幾天卻感到熱情消退，開始懷疑目標，甚至忘記目標。

請不要責怪自己，這些都是正常的現象。有所動搖的原因並不是你缺乏毅力，而是你還需要一些有效的方法來保持初心。

怎樣才能始終保持對目標的初心呢？我在這裡為你列出了 5 種方法。

第一，有儀式感地確認目標──我決定「聽自己的」。

很多人在設定目標時都會抱著「試一試」的心態，就像點餐一樣。但是，如果我們以這種隨意的心態去對待目標，目標也會這樣對待我們。

實際上，目標的設定是一個嚴肅的過程，是我們在自己面前樹立權威的過程，換句話說，它在考驗我們能不能「聽自己的」。

你或許發現，完成老師、老闆或主管給的任務好像是天經地義的，聽別人的話並不難；但是輪到自己為自己設定目標、提要求時，就覺得有點兒無所謂了，認為反正做不到也沒有人知道。

這是因為，我們還沒有在自己面前樹立起權威──過著「他律」而不是「自律」的生活。

如果我們一邊說要掌控自己的人生，一邊又無法實現自己設定的目標，就很難達成自己的心願。實際上，我們是最了解自己的情況的人，也是解決問題的關鍵執行者。你設定的目標一定比別人設定的更符合你自己的實際，也更貼合你的想法。

要想始終保持對目標的初心，就需要我們在問題面前把自己「問題管理者」的身分牢牢地立住，毫不動搖地立住，不受干擾地立住。我們設定目標之初的狀態尤其關鍵，它的嚴肅程度如何，會直接影響我們接

下來的執行效果。

如果你心中已有目標，不要急於實現，請先按照 SMART 原則把它工整地寫下來。你可以把它讀給自己聽，講給家人聽，分享給團隊聽。當然，有人希望將自己的目標發布到朋友圈裡，沒問題，這些都是很有必要的「儀式」，將賦予你的目標特別的意義。

第二，把目標放到離眼睛不遠的地方。

寫下目標後，請確保它能時常被你看到。一個有效的做法是把目標明確地寫在紙上，貼在你每天都能看到的位置，讓它成為你潛意識中的風向標。

請確保在接下來的時間裡，你經常看到的是「目標」，而不是眼前的「困難」。就像駕駛汽車一樣，如果只盯著方向盤是沒法兒開車的，只有把目光放得更遠，才能看清方向。

第三，每天花 2 分鐘，「提前體驗」目標實現時的喜悅。

請你每天花 2 分鐘想像目標實現時的情景，浮現在你腦海中的可能有某些人、某樣東西、某些聲音、某些色彩……你可以盡情發揮創意、大膽設想你到時候會如何慶祝自己取得了這個成果！

如果想像不出來，沒關係，你也可以嘗試這樣問自己：

• 這個目標的實現意味著什麼，能給自己帶來怎樣的價值？
• 這個目標的實現對實現自己的「人生大目標」有怎樣的貢獻？
• 這個目標的實現將對其他問題的解決帶來怎樣的積極影響？
• 這個目標的實現能為團隊／家庭或他人帶來怎樣的好處？

不要吝嗇對目標的憧憬，盡情地「提前體驗」目標實現時的喜悅──它會把你帶到你想去的地方。

第四，回顧自己曾經戰勝的挑戰，重新確認自己的身分。

有的人曾為自己貼上這樣的標籤：我什麼事都做不成，設定目標也沒用。他們經常想著目標實現不了怎麼辦，擔心計畫會像往常一樣落空。

但請注意，我們的每一個想法都不是柔弱的。就像我們在第 2 章所了解的，信念絕不僅是一個人所掌控的想法，信念是掌控人的想法。

每一個消極想法的反覆出現，都會影響目標的達成。**不是因為困難重重而心生畏懼，而是因為心生畏懼才困難重重。**

請相信：你的目標已經符合 SMART 原則，肯定是可以實現的；你已經了解了小目標的力量，向前一點點就是成功。

每當你實現目標的信心因受到外界影響而動搖時，請想一想自己曾經戰勝的挑戰，想一想過去實現的目標，想一想自己的能力、優勢和資源。這些都證明你是一個有能力的人，一個有毅力的人，一個言出必行的人；這些也都證明你不僅是一位卓越的問題管理者，還是一個幸運的人，你一定可以達成心中所想！

第五，盡可能讓過程變得美好。

沒有一條路無風無浪，實現目標的過程總會有不同程度的艱難。**如果一個人持續在煎熬中追求目標，除非有磐石般的決心，否則任誰都會有所動搖。**

為了保持最初對目標的熱情，我們必須想方設法讓過程變得有趣又美好。

在第 2 章，你已經完成了自己的「信念轉換表」、「情緒管理工具卡」、「棒呆了詞彙卡」和「棒呆了日記」。每當在實現目標的過程中心情低落時，你都可以用它們帶給自己平靜與快樂。

人生＝創造＋體驗。除問題管理者之外，你還需把自己定位為「幸福的創造者」，帶著幸福去解決問題。**因為幸福不是結局，而是過程。**

　　對我們兩位作者來說，雖然聚焦於問題解決已有 10 年之久，雖然有了很多解決問題的經驗，但寫書本身仍是一個艱巨的挑戰。寫書的目標是一年前正式確定的，願望強度為 100%。在確定了目標後，我們兩位作者經常在一起憧憬目標達成時的場景：

　　這本書將是怎樣的？封皮是什麼顏色的？插圖是怎樣的？讀者讀這本書時是否感到輕鬆？這本書會為讀者帶來怎樣的價值？這本書對已有的問題解決課程有怎樣的啟發？

　　提前體驗到的目標達成時的喜悅是非常重要的驅動力。

　　要想讓實現目標的過程變得美好，找到有趣的同行者也非常重要。

　　對於寫作的宗旨，我們的共識是，必須愉快地寫，而且這種愉快是一種「戰略性愉快」。這是因為，如果把讓讀者在閱讀時有美好感受作為目標，就需要我們在寫作時也有美好的感受。還記得嗎？「美好的思想無法與糟糕的感受同時存在」。

　　在缺乏寫作靈感時，我們總是相互鼓勵，一起面對，從未動搖寫作的信心。每天我們都相約一起跑步，一邊跑一邊構思；有時候趕上下雨了，就打著傘高興地跑，跑著跑著，天就晴了。

　　正在看這段文字的你也是一樣，在解決問題、達成目標的過程中，請別忘了好好關懷自己，愉快地向前跑。

　　因為跑著跑著，天就晴了。

第 7 章

讓目標順利實現
——制定精準的解決方案

在面對棘手的問題時，人們往往期待找到解決方案。但也恰恰是在
這一步，人們最容易不歡而散。如何才能激發問題解決專案團隊的
潛能，制定有創意、綜合性強且具有執行力的方案呢？當遇到分歧
時，我們要採用誰的方案呢？

在這一章中，你將了解 KSME 發揮作用的底層邏輯，掌握卓有成
效的思考工具，制定出最有價值的方案解決實際問題，收穫解決關
係問題的獨特方案，助力目標達成。

1. 別怕：你的潛能足夠，只需排除干擾

祝賀你已經有了明確且有效的目標，至此，解決問題不再是處理麻煩，而是達成心願的旅程了！

- 也許你想擁有更熱愛的事業，讓叫醒自己的不再是清晨的鬧鐘，而是心中的嚮往。
- 也許你想擁有更溫馨的家庭氛圍，讓每位家庭成員都迫不及待地想回家。
- 也許你想擁有更健康的身體，像孩子一樣精力充沛，自在且快樂。
- 也許你想擁有更好的經濟條件，讓生活被自己喜愛的事物圍繞。
- 也許你想擁有更好的學習表現，形成自己的知識體系，能獨立地思考。

無論你的目標是怎樣的，**請相信，你的目標一定可以實現，因為本該如此！**如果目標暫時還沒實現，請不要懷疑或否定自己，你只是受到了一樣東西的影響。

☺ 一個公式，令你的付出卓有成效

過去 10 年的 KSME 問題解決實踐，離不開以下這個重要的績效公式。

$$P = p - i$$
Performance（表現）=potential（潛能）- interference（干擾）

請你在這個公式上停留一會兒，看看有怎樣的發現。你是否察覺到了公式背後的邏輯？

我們常說的績效高／低、關係好／差、脾氣好／壞、成績提高／下滑、睡眠良好／很差，都是一種「表現」。

這個看似簡單的公式，揭示了一個重要的秘密：由於一個人的表現等於 Ta 的潛能減去 Ta 受到的干擾，而每個人的潛能又是充足的，因此干擾就成了影響表現的最關鍵變數。

也就是說，當潛能不變時，干擾越大，表現就會越差；而干擾一旦減少，我們就一定會有更好的表現——這就是表現的運行規律。

> 世界上最大的未開發疆域，是我們兩耳之間的空間。
> ——比爾・奧布萊恩（Bill O'Brien）

每個人都能實現自己的目標，讓自己的潛能被無限釋放。如果目標還沒實現，只是因為我們受到了干擾。**解決問題就是排除干擾的過程，這就是 KSME 發揮作用的底層邏輯。**

我在幫助他人解決問題時，幾乎每次都會用到這個公式，也發現大家非常喜歡它，尤其是孩子們。

當我請他們在紙上寫出這個公式時，我經常會見證孩子的狀態的改變：有的人坐得更挺拔了，有的人抬起了一直低著的頭，有的人的眉頭舒展開了，有的人眼裡閃著光……

孩子們說自己在遇到問題時，身邊的人通常會指責自己不努力、不上進、不知感恩；但看到這個公式時，他們突然感到自己被「保護」了，

不用再被指責了，連解決問題的氛圍都變得不再緊張。

　　一個國三的孩子學習成績明顯下滑，高中考試前一個月，媽媽焦急地帶著孩子來見我。當我請他寫下這個公式時，他如獲至寶，說：「我知道問題出在哪兒了！」

　　接著，他列出了干擾自己的很多方面：與老師的矛盾、與同學的關係、與家庭的關係、手機遊戲的影響，還有自己的學習安排問題。

　　我問，你打算怎麼辦呢？他說，不難，按照公式，我需要排除這些干擾！一個月後，孩子的父母驚喜地告訴我，孩子考上了某重點高中，這一結果遠超他們之前的預期。

☺ 解決方案從 K、S、M、E 出發

　　你是否有過登山的經歷？如果有，你登過的最高的山是哪一座呢？請回憶一下你當時是如何成功登頂的。

- 你是不是提前規劃了路線？
- 你是不是了解了安全注意事項？
- 你是不是準備了必要的物品？
- 你是不是身體狀態良好、有充足的體力？
- 你是不是有強烈的登頂願望？
- 你是和誰一起同行？
- 當時的天氣是不是很好？

　　一個人成功登上山頂，不僅需要明確的路線、必要的物品、健康的身體，還需要良好的環境、安全的保障、夥伴的支持。任何一個環節做不好，都將對成功登頂造成干擾。

達成目標的過程與登山非常相似，都需要找出自己受到了哪些因素的干擾，並將它們一一排除。其實制定問題解決方案的過程，就是識別干擾、排除干擾的過程。

那麼，干擾到底有哪些？它們到底在哪裡呢？

現在請你思考一個問題：你的工作表現受到了哪些因素的影響？換句話說，你認為哪些方面改進後，你的工作表現會更好？

在為企業開設的 KSME 問題解決課堂上，我經常會請學員從妨礙「我的表現」的因素有哪些和妨礙「下屬的表現」的因素有哪些，這兩個主題中任選一個討論。

大家普遍對這個環節很感興趣，總是意猶未盡，看來我們平日裡就高度關注這一話題了。不同的小組經過大量討論後，得出的結果竟然驚人地相似。

對於妨礙「我的表現」的因素，討論結果大多集中在以下方面。

- 分工不明確。
- 工作安排不合理。
- 工作指導不到位。
- 資源不充分。
- 流程不清晰。
- 標準模糊。
- 時間緊，任務重。
- 老闆或主管不認可。
- 同事不配合。
- 公司激勵措施不到位。

- 溝通不暢。

- 經費不夠。

- 同事關係複雜。

對於妨礙「下屬的表現」的因素，討論結果主要集中在以下方面。

- 工作不夠努力。

- 態度不積極。

- 沒有上進心。

- 知識面窄。

- 能力不夠。

- 方法不得當。

- 不懂得協作。

- 一遇到困難就退縮。

參與互動的學員中既有員工也有老闆，他們站在不同的立場，得出的結果相差甚遠。當站在自己的立場上時，他們會更強調外部環境的重要影響；而站在老闆的立場上時，他們更強調員工的個人因素。

在分享了彼此的討論結果後，大家都驚訝於這種涇渭分明的差異，但最後也都能達成共識：影響一個人表現的因素，既包括個人因素，也包括環境因素，只是對於不同的人、不同的情況，兩種因素的占比有所不同。

除了關注企業績效，我還對孩子的學習表現做了大量的調研。很多家長認為孩子的學習成績不好，原因在於孩子自身不努力，學習積極性差，學習習慣不好，學習方法不當等；可孩子更強調的是同學關係、家庭關係、師生關係、班級氛圍欠佳等。

　　其實沒有人是錯的，「加起來」就是對的。當我們站在問題管理者的視角，**把每個人從不同角度看到的內容相加，就更能看到問題的全貌，更加接近真相。**

　　換句話說，把個人因素和環境因素合在一起，就構成了影響一個人表現的全部干擾，而解決方案所聚焦的就是如何排除這些干擾。

　　經常有人問，KSME 到底是什麼意思？在制定解決方案的這一步，是時候揭秘 KSME 名字的由來了。

　　KSME 其實是解決方案的通道，也就是排除干擾涉及的 4 個方面。

　　根據湯瑪斯・F・吉伯特（Thomas F. Gilbert）的績效改進理論和我本人的績效老師奈傑爾・哈里森的績效諮詢理論，我們將排除干擾、找到方案涉及的 4 個方面歸納為 K（Knowledge，知識）、S（Skill，技能）、M（Motivation，動機）、E（Environment，環境），即表現 P＝f（K, S, M, E）。

K	專業知識、通用知識
S	通用能力（情緒管理、健康管理、高效溝通、傾聽的能力等）和專業技術能力（專案管理、軟體發展、工程設計的能力等）
M	包括內部動機和外部動機兩個方面。內部動機來自一個人對事情本身的高度認同，外部動機是指來自外界的激勵。後者通過前者發揮作用
E	與我們所熟知的環境因素不同，除了政策、資源、場地、時間、經費、流程、制度、工具設備外，人際關係、氛圍、文化、支持與協作、指導與回饋等都屬於環境的範疇

K、S、M、E 作為解決方案的入口，能夠幫助我們儘量不遺漏地發現干擾。每排除一個干擾，我們就離目標更進了一步。

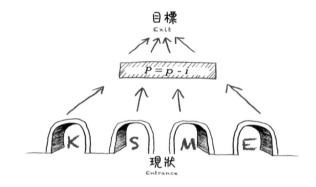

在上一章你已經完成了目標──現狀差距圖，圖中右側的目標將為你識別干擾提供重要抓手。比如，Z 先生的一個子目標是「報告不再重做」，那麼他就需要對這個目標進行知識、技能、動機、環境方面的地毯式搜索。

作為問題管理者，如果你想解決的是員工、伴侶、孩子、朋友或自己的問題，請你試著像下面這樣問自己。

我們有什麼必要的知識還不了解嗎？怎樣才能獲得這些知識，離目標再近一點兒呢？

- 我們有什麼必需的技能還沒掌握嗎？怎樣才能獲得這些技能，離目標更近一點兒呢？
- 我們達成目標的動機強烈嗎？如何在達成目標的過程中持續激發動機呢？

- 我們還需要哪些資源（工具、經費、流程等）？還需要哪些人的支持與配合（氛圍、文化等）？怎樣為自己／他人打造最有利於目標實現的環境呢？

☺ 所有入口裡，它排第一

在上面談到的 K、S、M、E 中，到底是誰在發揮著最重要的作用？我們在第 3 章找到了問題之王，現在我們要用同樣的方法，識別出「干擾之王」。

- 有人說 K（知識）最重要，比如一個人要開車，必須要掌握交通規則。
- 有人說 S（技能）最重要，懂得再多交通規則，不真正上路照樣沒用。
- 有人說 M（動機）最重要，懂交通規則、會開車，但要是不想開車，還是開不成。
- 有人說 E（環境）最重要，雖然懂交通規則、會開車、想開車，但路況太差或家裡人不放心，最終還是沒法兒開。

聽起來各有各的道理。就像前面談過的，面對別人的問題，我們容易歸因為個人因素；面對自己的問題，我們容易歸因為環境因素。

我們先不分析這些觀點是「好」還是「不好」，不如先走進這 4 個通道，看看它們之間的聯繫。

K 通道藏著知識。知識往往是公開透明的，在網路時代只要動動手指就可以獲得。對於企業，培訓、宣講、材料、網站上的資訊共用等，都屬於知識層面；對孩子來說，學校課程、家教、書籍、視頻資料等，都

儲存在了 K 通道中。

總之，知識可以通過告知或者主動了解獲知。想要排除 K 的干擾、從 K 通道找到解決方案並不難。

一位醫學系的大二學生多科成績不及格，面臨著重修的風險。他自暴自棄地説要退學，因為自己暈血，畢業後不想當醫生。在他的認知中，醫學系學生畢業後只能從醫，只能從事與自己的專業直接相關的工作。

我引導他尋找身邊的「標杆」和「謀士」（第 4 章提到的「值得學習、借鑑的人」、「解決過類似問題的人」、「有能力為問題管理者給予指導的人」）獲知更多醫學生就業的資訊。於是，他找到了應屆畢業的學長、學姐和輔導員諮詢，發現學醫的就業面原來很廣：不僅可以當醫生，還可以留校當老師、做科研，到醫療行業的投資公司做顧問，到保險公司做專業理賠人員，還可以到藥企做技術型銷售人員，等等，社會上很缺這樣的人才！

他説：「眼前的問題好像突然消失了。」一週後，他就申請了再次補考。現在他已經順利畢業，從事著自己熱愛的工作。某些情況下，獲知更多的資訊就意味著排除 K 的干擾，為自己爭取了更多選項、更多可能性。

S 通道藏著技能。 技能是通過訓練而習得的，把知識轉化成技能是一個複雜的過程。比如你明明知道一道菜要怎麼做，可做出來的菜仍難以令你滿意；比如你明明了解時間管理的知識，可自己的時間仍難以得到合理的安排。可見，知易行難。

實際上，要想排除 S 的干擾，最重要的方法就是主動創造機會鍛鍊某項技能。假如你想學會開車，就需要多上路，在各種道路上接觸複雜

的路況；假如你想掌握情緒管理的技能，生活中的每一個場景都可以成為你鍛鍊的機會。

M 通道藏著動機。即做某件事的動力。在上一章裡，我們量化了目標的願望強度，也量化了目標如果不能完成會有什麼影響（代價），這些都是在明確目標的意義，從而激發解決問題的動力。

雖然已經對目標達成共識，但解決問題就像完成一個專案，也許需要 2 週、3 個月甚至半年。如何保障問題解決專案團隊中的人在這個週期內持續保持積極性、發揮創造性、積極落實解決方案，確保問題被徹底解決呢？

在達成目標的過程中，M 依然可能成為干擾，依然需要問題管理者重點關注。實際上，無論是激發自己的動機還是激發他人的動機，都具有挑戰性，特別是激發他人的動機，需要你和對方之間具有高度信任的關係，需要你有足夠強的影響力。

M 包括內部動機和外部動機兩個方面。內部動機來自一個人對事情本身的高度認同。比如有的孩子喜歡跳舞、畫畫、打球，從事情本身找到了樂趣、自信、成就感，即使沒有人催促也會自發地做。人們對待工作也是這樣，有的人把程式設計作為興趣，有的人對製作 PPT「上癮」，對自己喜歡、擅長的工作欲罷不能，這就是內部動機。

不過，即使一個人有內部動機，外部激勵缺乏或不當仍會影響內部動機的持續性和強度。比如一個孩子很喜歡畫畫，但如果總是得不到父母和老師的認同，就容易喪失創作興趣；一個員工對某項工作充滿熱情，可如果自己的付出長期被忽視，也會導致積極性降低。

要如何進行外部激勵呢？對小孩子來說，也許一根棒棒糖、一朵小

紅花、一個來自父母的擁抱就能激勵 Ta。但對於大孩子和成人來說，激勵就不是那麼簡單的事了。比如你說「好好做，完成任務後我請你吃大餐」，可是對方也許根本不想吃大餐；再如你想發紅包作為激勵，但對方需要的也許根本不是紅包。

事實上，只有能滿足對方需求的激勵才能真正發揮作用。在第 4 章中，你已經完成了關係人需求表，了解了對方最看重的方面，而它們就是你給出激勵的依據。

也許你擔心無法給出物質激勵，但根據馬斯洛需求層次理論，不同的人有不同的需求側重。除了第一層的物質激勵，還有很多人看重的是自己的付出被看到、在團隊中找到歸屬感、在執行過程中有成就感、被尊重和欣賞、得到晉升和提升能力的機會、擁有更大的個人發展空間、創造更大的價值……而高層次的需求往往是難以用金錢買到的。

E 的通道藏著環境的力量。假設一個人在做某件事情時具備了 K、S、M，比如你想成就一番事業，有創新的技術和想法，卻得不到家人的理解、找不到可靠的合夥人、缺乏政策的支持和充裕的資金、找不到支持量產的工廠……推動這件事就會變得很困難。

我們之所以在第 4 章畫出人際生態圖和關係人圖，就是為了明確自己所處的 E，為調用 E 的力量做準備。

我們之所以要評估自己與重要關係人之間的關係，也是為了評估 E，看一看自己是否受到了 E 的干擾，進而著手改善它。之所以這樣重視 E，是因為它在解決方案中占有重要的地位。

在我過去解決的大量問題中，既有與工作相關的問題，也有與孩子學習相關的問題。工作涉及各個行業、各個技術領域，孩子的學習也涉

及各個科目、各個知識點。

必須承認的是，我在他們的專業領域（K＋S）沒有發言權，我往往聚焦於陪伴他們發現並排除 M 和 E 的干擾，找到綜合性強且適合他們的解決方案。

還記得那位一年內提升 156 分的「問題學生」嗎？他在高三一年與我溝通了 10 多次，其間從來沒有問過我哪道題要怎麼做。我所做的就是幫助他排除大考前的各種干擾，而絕大部分干擾恰恰集中在 M 和 E 上。

對所有人來說，M 和 E 都在發揮很大的作用。作為問題管理者，你會發現自己在這兩個領域大有可為。

這也是在 KSME 的標誌中，K 和 S 是黑色，M 和 E 是紅色的原因。

KSME

然而，在企業績效問題、健康管理問題、孩子成績問題、親密關係問題中，我們往往會高度關注 K 和 S，忽略 M 和 E。一位主管發現員工的積極性很差，於是經常給員工安排大量相關培訓（K）、安排老師手把手教學（S），卻收效甚微。他沒有意識到員工積極性差與自己的激勵措施（M）不當有關。他在下屬表現差時公開指責對方，在下屬表現好時不僅從不鼓勵，還會指派更多工作任務，從而對高績效表現進行了變相「懲罰」。有的父母抱怨孩子的學習成績很差，於是為孩子買了大量練習冊（K），卻從不認為自己在孩子寫作業時看電視、玩手機，或不放心地緊盯著孩子（E），會嚴重干擾孩子在學習時的專注度。

深信「棍棒底下出孝子」的父母指責孩子愛撒謊，卻從不認為孩子

的不真實與自己對問題的過激反應（E）有關。沒有人「愛」說謊，誰不希望挺直腰板表達自己呢？但失去包容的家庭氛圍（E），會導致孩子不敢暴露問題、吐露心事，只能選擇隱瞞。關係、團隊／家庭氛圍、實體層面的干擾等，都屬於 E 的範疇。強調 E 的重要性絕不是在推卸個人的責任。環境就是一個人的處境，它作用於人社會性的一面，以一種深刻的方式影響著每個人的表現。

　　解決問題也絕不是頭疼醫頭、腳痛醫腳的過程，而是需要**拿出一個綜合性的解決方案，盡可能為當事人排除所有干擾，讓 Ta 達成目標的道路一馬平川。**

2. 唯有重視每個人的貢獻，才能達成共識

　　既然找到了解決方案的 4 個入口，也組建了問題解決專案團隊，為什麼大家在一起解決問題時仍會不歡而散？甚至自己為自己解決問題時，也容易感到痛苦和內疚？問題到底出在哪兒？

不追究原因也能解決問題？

　　一個朋友分享了他們家最近發生的一件小事。有一天，她發現家裡防盜門的鑰匙少了一把，全家人都覺得這是一件很重要的事，萬一被人

撿到了多危險，關鍵是鑰匙上還寫著她家的門牌號！

　　於是她趕緊發動全家人找鑰匙。大家先找了公共區域，沒有找到，開始有點兒著急了，都在說：「肯定不是我弄丟的，我每次都把鑰匙放到了固定的位置。」、「誰弄丟的？這麼重要的東西都亂放！」

　　這時候聲音越來越多：「你在你的大衣口袋裡找找！」、「你在你的書包裡找找！」、「我這裡沒有！」、「我這裡也沒有！」氛圍越來越緊張，**好像從誰那裡找到，誰就是「罪魁禍首」一樣。**

　　鑰匙果真沒有找到。

　　第二天，這位朋友決定做出一些改變：把目標設定為找到鑰匙，而不是找究竟是誰犯的錯誤。於是她和家人溝通：「咱們一起玩個『找鑰匙遊戲』吧！不論是從哪裡找到的，誰先找到，就給誰發個紅包！」

　　話音未落，所有人都興致勃勃地行動起來，有說有笑地尋找，最後家裡的老人從自己的大衣口袋裡找到了鑰匙——儘管昨天也翻找了這件衣服。

　　找鑰匙的過程是不是和解決問題的過程很像？

　　我們在清楚了解決問題就是排除干擾的過程後，容易下意識地追問：**是「誰」製造了干擾？到底該怪「誰」？這是「誰」的錯誤？**

　　當主管看到下屬出現失誤時，他們容易這樣找原因：Ta 為什麼能力（S）這麼差？是不是不夠努力（M）？

　　當下屬發現自己出現失誤時，他們也會找原因：這是誰造成的？都怪主管沒有給我培訓機會／實踐機會／必要的指導（E）。

　　你是否有過這樣的經歷？幾個部門一起處理客戶的投訴時，都在想方設法證明不是自己部門的問題。他們一邊開會，一邊害怕，擔心一會

兒主管就要批評自己了。於是開會的目標從「解決問題」變成了「證明自己沒錯」。

因為聚焦於追究原因，他們忘記了原來的目標，還在爭執中製造出了新問題，於是不得不把會議時間延長，或增加會議頻次；一旦問題長期得不到解決，會議就越來越多，陷入惡性循環……

你是不是感覺很奇怪？對於一個特定的目標，能夠參與會議的人往往都是很有經驗的，制定解決方案應該不是很有挑戰性的事情，但為什麼大家爭論不休，甚至大動干戈呢？

現在請你重新設想一下，如果我們像發紅包動員大家找鑰匙一樣解決問題，**不再追究是誰的錯、不再追問原因，而是直奔方案，** 以上情景**會有怎樣的不同？**當主管看到下屬出現失誤時，他會和下屬一起商量如何補充必要的知識（K）和技能（S），了解下屬的困難和想法（M），為下屬營造良好的環境（E），幫助下屬增強工作動力。

當下屬發現自己出現失誤時，他會想辦法補充必要的知識（K）和技能（S），同時主動和主管溝通，獲得必要的支持和幫助（E）。當幾個部門一起處理客戶的投訴時，他們會明確「提升客戶滿意度」是共同的目標，他們會從公司整體角度出發滿足客戶的需求，調用各部門的資源（E），積極投入制定有創新性的解決方案。

在面向企業的 KSME 問題解決課堂上，我會邀請各部門的員工與主管以小組為單位一起解決問題。有的小組主動解決跨部門的問題，有的小組嘗試解決公司層面的問題。作為問題管理者，每個小組成員都有一種使命感，他們不會找原因、爭對錯，因為他們深知──**我們現在的任務不是糾正過去的錯誤，而是校正未來的道路。**這些小組當堂共創的一些

解決方案極具價值，有的直接被納入企業案例庫，在企業內推廣。

　　因此，當你作為問題管理者解決自己的問題時，請不要糾結自己的錯誤，不用內疚──只尋找方案；當你嘗試解決團隊的問題時，請不要關注誰對誰錯──只尋找方案；當你陪伴他人解決問題時，請不要讓 Ta 感到你在挑 Ta 的錯──只尋找方案。

　　你可能會擔心，不追究原因也能解決問題嗎？如果對方連自己有錯都不知道，Ta 要怎麼改正呢？**其實當你直奔目標時，所有原因都以「干擾」的形式重新出現了。**在安全、友善的氛圍中，每個人都能意識到自己在哪方面還需要提升，但推動他們解決問題的不是負荊請罪式的愧疚，而是來自目標的動力。

用發散的思維，找到富有創意的備選方案

　　K、S、M、E 這 4 個方面，幫助你確定了解決方案的框架，接下來你要做的就是在這個框架裡加入方案。

　　這個過程受到每個人立場、資訊、認知、能力、價值觀念、格局、經驗、資源等因素的影響，因此對同一個問題，不同的人制定的解決方案可能大不一樣。比如對於實現「改進家庭關係」這個目標來說，如果請爸爸、媽媽、孩子分別制定方案，估計 3 個方案會有很大的差別；如果他們都想勸說其他人採用自己的方案，很可能會發生爭執。

　　實際上，解決問題是一個探索的過程，它不是證明題，不存在標準答案。因此，解決方案只是達成目標的「假設」。

　　當站在自己的立場時，每個人都發自內心地認為自己的假設是正確的，即「我是對的」。一旦認為自己的假設絕對正確，就很容易認為別

人的假設「不對」或「不如自己的對」。

　　對方很可能也是這樣想的！當 Ta 的假設被反駁時，Ta 會本能地抵觸，要麼不再參與討論，要麼想方設法證明自己是對的。

　　一旦進入這樣的循環，我們就偏離了解決問題的初心。即使最終確定了方案，也很難有創意。集體決策將退化為大家都能接受的妥協，「假裝」統一了思想，在執行時效果卻大打折扣。每個人的假設，都可能是 Ta 此刻得出的最好想法，都可能對解決問題做出貢獻，但往往在不愉快的爭論中被白白地錯過，甚至有的人連提出自己的假設的機會都沒有。

　　比如在討論如何實現「改進家庭關係」這一目標時，孩子既是問題的重要關係人，也是解決問題的重要執行者，但父母往往用「大人說話，小孩不要插嘴」的命令，來終結孩子的表達。在企業裡、團隊裡、學校裡、親密關係中都是如此，經驗多、權威大的一方更容易認為自己「是對的」，相信自己的假設最符合實際，認為自己的方案是標準答案。實際上，針對一個問題的解決方案遠不止一個。如果我們抱著「**一定有更好的方案**」的信念，尋找超越「你的」或「我的」的假設，一起碰撞出嶄新的假設──「我們的方案」，它很可能是超出每個人想像的、一個非集體智慧所不能達的、真正有價值的方案。

　　在面向企業的 KSME 問題解決課堂上，原本一起解決問題的過程竟出乎意料地成了一次團建。當找到方案後，大家熱烈地擁抱在一起，有的歡呼，有的合影，還有的相互留下聯繫方式。這些真實發生的場景讓我更加相信，解決問題不一定充滿了痛苦、批評和嚴肅，它完全可以是一個愉快且高效的過程。如何讓這樣的效果真正產生呢？我一般會以 5 ～ 8 人為一個小組，讓他們共創解決方案。如果你是一個人解決問題，沒有

關係，你可以把自己當成自己的夥伴，這套方法也適用於你與自己對話。

作為問題管理者，請你首先宣布遊戲規則。

- 只想方案，不想原因，也不想方案是否可行。
- 鼓勵每一個人參與，按順序輪流發言。
- 每人每次只說一個想法。
- 全程不能有任何批評、指責，鼓勵大家提出大膽的想法。
- 在白板上或者大張的白紙上，紀錄每個人發言的內容。
- 鼓勵後面的發言者基於前面的內容提出新想法。
- 如果沒有新的想法，可以說「通過」，讓下一位繼續發言。
- 一輪過後，繼續下一輪，直到沒有任何人有新的想法。

接下來，請根據前兩章梳理出的現狀和目標，充分考慮如何從 K、S、M、E 這 4 個方面（尤其是 M 和 E）給予目標支持。

- 我們了解目標的價值所在嗎？怎樣激發每位關係人在過程中的積極性？
- 我們還需要哪些資源（工具、經費、流程、時間、政策等）？還需要哪些人的支持與配合（氛圍、標杆、關係等）？怎樣打造最有利於目標實現的環境？
- 我們有什麼必要的知識還不了解嗎？怎樣才能獲得這些知識，離目標再近一點兒呢？
- 我們有什麼必需的技能還沒掌握嗎？怎樣才能獲得這些技能，離目標更近一點兒呢？

作為問題管理者，請你在過程中不斷追問。

- 我們還有其他方法嗎？

- 很好，還有呢？
- 除了這些，還有呢？

當完成上面的步驟後，解決「問題之王」的**備選方案**就已經出現在你的腦海中了。接下來請你將這個大而全的方案填入下面的圖中。如果你是一個人解決問題，盡可能把想到的方案全部列在圖中，確保你的想像力在這裡得到最大發揮（如果在填寫中遇到困難，下一節有 3 個真實案例可供你參考）。

在這個過程中，你有怎樣的發現？你是不是收穫了許多出乎意料的主意，它們既大膽又有創意？其實這個過程就是我們常說的「頭腦風暴」。每一位成功的管理者，在凝聚群體智慧上都有自己獨特而有效的規則。還記得績效公式 $P = p - i$ 嗎？作為問題管理者，你正是通過這種鼓勵所有創新的方式，**為發言者排除了干擾（i），使每個人的潛能（p）得到充分發揮**，從而找到了最新穎、最全面的解決方案。

你在這樣做時，就構建了一種「人人參與的文化」：每位發言者都能在你的引導下感到被尊重、被看見、被聽見、被認可、被善待，他們

會投入地展開思考，開放地分享自己腦海中的好主意。通過這樣的方式，你得到的就是一個全面的備選方案，是「我們的」而不是「我的」或「你的」備選方案。**最重要的是，對於最終方案，每個人都感覺到其中有自己的一份貢獻，這將大大助推接下來的執行環節。**

戴上同色思考帽，選擇最終方案

　　通過進行發散思維的頭腦風暴，你已經得到了一個大而全的備選方案。在這個過程中，你追求的是創新，是數量而不是品質，當然也沒有考慮方案是否合理、是否可行。其實這個過程的目的，就是確保你得到有創意的、豐富的、全面的方案。接下來你要做的就是從中「尋寶」，從備選方案中「萃取」最有利於目標達成的方案。這個過程和頭腦風暴正好相反，是一個收斂的思考過程。

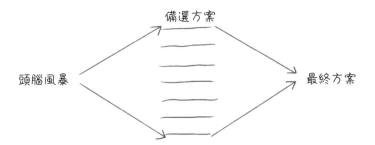

　　選擇保留哪個，去掉哪個呢？大家各有各的想法，這個過程一不小心也會變成一場辯論賽。你是否見過這樣的現象？當一個人說出一個想法時，就有人馬上說：「不行，這個想法行不通！」接著，他開始發表自己的想法，同樣被他人反駁。**這樣的現象特別容易出現在成員間相互熟悉的團隊或者家庭中。**發生這種爭執在很大程度上是因為，大家在「同

一時刻」從「完全不同」的側面討論方案。

- A 根據 K、S、M、E 這 4 個方面，提出了一個創新方案。
- B 考慮到該方案好的方面，表示支持。
- C 考慮到該方案不好的一面，如實施困難，表示否定。
- D 同時想到了另一個方案。

照這樣發展下去，很容易陷入僵局，大家也會失去提出創新方案的動力。試想一下：如果同一時刻，A、B、C、D 從同一個角度展開思考，會是怎樣的情景呢？這裡有一個有趣的思維工具可以幫助你呈現這個情景，它就是「6 頂思考帽」。6 頂思考帽是歐洲心理學家愛德華・狄博諾（Edward de Bono）開發的一個思維方法，是指用 6 種不同顏色的帽子，來代表 6 種不同的思維模式。

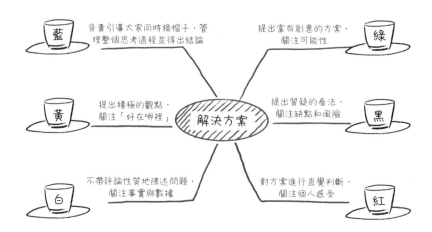

思考帽起效的關鍵是同一時刻所有人只能戴同一頂帽子，這也意味著同時從一種角度看待問題，即大家在同一主題下討論。

其實在頭腦風暴中，大家戴的就是綠色思考帽；作為問題管理者，需要始終戴著藍色思考帽；在分析現狀時，我們戴的是白色思考帽；現在你要用到的，是黃色和黑色思考帽。

作為問題管理者，解決問題的全過程就像導演一部大片，你是編劇，是導演，也是演員之一。

此刻，請你想像你正在導演一個場景：**同一時間，所有的人都戴著黃色思考帽──考慮且只考慮方案「好在哪裡」。**

當大家戴上黃色思考帽時，你需要引導大家這樣問自己。

- 這個方案好在哪裡？
- 這個方案的優勢是什麼？
- 這個方案的可行性因素有哪些？
- 這個方案將帶來怎樣的成果？

通過戴上黃色思考帽進行交流，每個方案的優勢就很清晰了。

如果通過這樣的方式找不到方案的優勢，那麼該方案就不值得被採納，請直接淘汰掉。對於保留的方案，作為總導演，**請你通知大家集體換帽子，戴上黑色思考帽，一起考察方案的另一面。**

黑色思考帽是對黃色思考帽的制衡，避免大家盲目樂觀。戴上黑色思考帽能讓你對方案進行謹慎的評估，致力於減少錯誤、降低風險。

當戴上黑色思考帽時，你需要這樣問自己。

- 這個方案符合政策嗎？
- 這個方案符合企業價值觀嗎？
- 這個方案的可行性強嗎？
- 這個方案有什麼風險？

- 這個方案的實施難度大嗎？
- 實施這個方案需要的費用高嗎？
- 這個方案能得到相應資源嗎？
- 這個方案會得到支持嗎？
- 這個方案會給他人／團隊帶來不好的影響嗎？

　　當對所有方案都通過戴上黃色思考帽和黑色思考帽進行了討論，分析了利弊之後，最終方案也就浮出了水面。

　　現在，請你回顧那個大而全的備選方案，把需要淘汰的方案劃去，剩下的就是你的「最終方案」。我在這裡為你準備了 3 個真實案例，謹供參考。

　　Z 先生為自己「經常加班」的問題，制定了下面的解決方案。

K	1. 明確流程規範，減少重做； 2. 申請公司培訓，學習如何快速培養新入職員工。
S	1. 提升規範審單（業務）技能； 2. 掌握高效溝通的能力，提升與下屬溝通的效率； 3. 加強對手機的管理，縮短使用手機的時長。
M	1. 如果不改變現狀，每天會多工作近 3 小時，相當於每年會浪費很長的假期； 2. 為了平衡工作和生活，增強幸福感，改善健康狀況，很有動力地解決當前問題。
E	1. 與下屬商量在固定的時間統一溝通工作問題； 2. 使用專案管理工具，線上控制進度； 3. 不再時刻查看手機，在固定時間統一回覆消息； 4. 信任下屬，部分放手，加強團隊協作； 5. 在條件允許的情況下，向公司申請進行流程創新，精簡繁瑣流程。

　　Z 先生的方案不僅覆蓋了 K、S、M、E 這 4 個方面，還在 E 通道提出了「向公司申請進行流程創新，精簡煩瑣流程」的方案，從曾經的「說了也沒用，什麼也改變不了」，到決心最大化地發揮自己的影響力以改變現狀──這是一個非常有力的轉變。

　　以下是一家港口投資公司為解決運營短板問題制定的解決方案。

K	1. 做好專業復盤，積累切身的運營經驗； 2. 加強行業研究、市場研究、競爭企業研究，編製港口運營業務指導手冊，加強經驗分享與傳承； 3. 聘請顧問指導業務開展。
S	1. 依託現有專案快速培養運營團隊，與運營合作方進行人才交流或人才聯合培養，形成初步運營能力； 2. 通過收購、併購，快速完成運維能力打造； 3. 借鑑國際先進港口運營商的經驗，進一步掌握港口運營現場操作與維護的作業方式。
M	1. 如果不改變現狀，將錯失大量機會，影響企業品牌美譽度，影響企業戰略的應用與實施； 2. 在外部激勵方面，需建立效益導向的激勵機制。
E	1. 積累行業相關方資源，加強與國際頭部企業的合作，構建行業生態「朋友圈」； 2. 發揮屬地優勢，通過和當地機構深化合作來拓展專案機會； 3. 借鑑國內優秀港口運營商的管理機制，打造適合公司特點的港口運營管理制度、流程體系、考核體系； 4. 增強公司全員戰略領悟能力，建立運營思維，打造公司運營商文化； 5. 後期通過媒體平台加強品牌宣傳，提升集團運營品牌影響力。

　　下面是一對冷戰半年的夫妻為了改善關係，主動制定的解決方案。

K	1. 看書／上網，學習經營家庭關係的知識； 2. 填寫關係人需求表，瞭解對方的需求； 3. 在人際生態圖中尋找幸福家庭的標杆，與之交流學習。
S	1. 掌握情緒管理的技能，保持理性、平和； 2. 雙方都提升聆聽能力； 3. 克服菸癮，不在家裡抽菸。
M	1. 優化夫妻關係，進而改善親子關係，為了實現一家人幸福快樂的目標，很有動力解決當前問題； 2. 在外部激勵方面，夫妻雙方彼此正向關注，並提供可感知的欣賞式回饋。
E	1. 在家裡不抱怨，改善家庭氛圍，打造彼此欣賞、尊重的家庭文化； 2. 丈夫發揮自己的影響力，改善婆媳關係； 3. 優化朋友圈，使對方融入自己的圈子； 4. 調整家庭佈置，讓家庭空間更溫馨。

在下一章，我們會以這對夫妻的故事為例，進一步了解如何使方案落實。

☺ 談不攏時，到底用誰的方案？

特別值得一提的是，沒有哪個方案是完美的，永遠會有更好的方案。因此，我們在解決方案的選擇中難免會產生分歧。通過運用頭腦風暴和 6 頂思考帽，你已經最大限度地避免了不必要的爭執和分歧。即使對最終選擇哪個解決方案仍有分歧，也是深思熟慮後的分歧，並不見得是壞事。如何釋放這些分歧背後的價值呢？這裡有一個重要原則──「**誰的問題誰做主**」。

- 如果解決的是你自己的問題，請用你的方案。
- 如果解決的是下屬的問題，請用下屬的方案。
- 如果解決的是孩子的問題，請用孩子的方案。
- 如果解決的是團隊的問題，誰對團隊負責，就用誰的方案。

總之，誰對該問題負責，就用誰的方案。「解鈴還須繫鈴人」，問題所有者才是最主要的執行人。

我們的工作、生活中不乏方案，更不乏提出方案的人，但問題的關鍵是誰去實施方案、Ta 願不願意實施方案。

在家庭中，家長經常為孩子提出方案：你要這樣做、那樣做，選這個、不選那個……家長認為自己經驗豐富，總想把自己的標準答案給孩子，幫孩子少走彎路。在企業裡，主管也經常為下屬提出方案，把自己的經驗傾囊相授。但我們有沒有思考過，有多少人願意完全採納別人的方案呢？除非 Ta 是主動詢問，真心實意地尋求指導。

一位女士說自己和另一半經常吵架，關係非常糟糕。在和朋友們聊起這個問題時，有人勸她「睜一隻眼閉一隻眼吧，你都這個年齡了」，有人說「把注意力轉移一下，只當他不存在」，還有人勸她直接離婚。

當她找到我時，我沒有給出任何評價或結論，只是專注地聆聽，先陪伴她解決情緒問題，再讓她進入理性思考狀態，一步步澄清事實、拆分現狀、發現代價。

她逐步明確了自己的目標並不是和另一半相互傷害，而是找回原來相愛的狀態，與另一半一起更好地生活。當目標明確後，她很快就從 K、S、M、E 這 4 個通道為自己找到了綜合性的解決方案。

溝通結束後，她很吃驚地對我說：**「就這個問題，我與 20 多個人溝**

通過了，而你是唯一沒給我建議的人。」

　　每個人都最了解自己的情況，都有能力為自己做出最好的選擇。也許在你看來你的方案更好，但即使是這樣，也請不要把自己的方案強加給他人。跟我一起算一筆帳吧！如果你認為自己的方案好，Ta 認為 Ta 的方案好，實際上，你的方案確實是 100% 的好，Ta 的方案只有 80% 的好。你會選擇自己的方案，還是選擇 Ta 的方案呢？

　　假如你選擇了自己的方案，讓 Ta 去執行，Ta 真的會用 100% 的努力去證明你的方案是最好的嗎？也許 Ta 會有點兒委屈和不服氣，只做出 80% 的努力，最終的效果可能是 100%×80%=80%。假如你說：「好的，你的方案很好，就按照你的方案執行吧。」Ta 得到了你的信任，也願意證明自己的方案足夠好，也許會付出 120% 的努力，並在過程中對方案進行優化，最終的效果可能是 80%×120%=96%，是不是比用你的方案效果還好？

　　前面的章節都在強調「問題是誰的問題」、「目標是誰的目標」，這裡同樣強調「方案是誰的方案」，因為在問題面前，主體定位尤其重要。

3. 小心暗礁——水面之下最容易被忽視的難題

　　對於 K、S、M、E 這 4 個通道，你已經了解到 E 是能讓你大有可為的地方，而「關係」是 E 中最重要的方面。

我們日常生活中的問題大致可以分為 3 類：實際問題、情緒問題、關係問題。其中，關係問題隱藏在水面之下，影響力最大、最容易被忽視，也最難被解決。

比如：我的下屬總是回避與我交流，我的孩子不愛和我說話，我的另一半動不動就和我爭吵，我非常討厭某個人，但還要每天面對 Ta……這些都是關係問題。

我們在第 2 章探討了如何解決情緒問題，在本章的前半部分探討了如何解決實際問題。現在，請你把目光放到關係問題上，看看如何為解決關係問題找到最佳方案。

悄悄告訴你，你有一個秘密帳戶！無論你是否意識到，**在你和一個人初次相識時，這段「關係」就自動設立了一個秘密帳戶。**

你的每一句話、每一個行為、展現出的每一份情感，都在向這個秘密帳戶存款或取款。存款可以建立、修復、改善關係，而取款使關係變得疏遠——這就是「情感帳戶」。

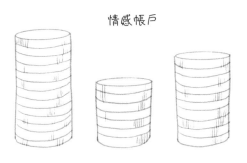

情感帳戶

滿足關係人需求的行為都可以視為存款，只是由於對方的需求程度不同，金額有所差異。比如，一份美食、一次道謝、一次道歉、一次投

入的聆聽、一次貼心的幫助、一個溫暖的笑容……這些都是存款行為。

取款行為包括一句抱怨、一次批評、一句謊言、一個冷漠的回應、一個不合時宜的玩笑、一個推脫責任的藉口、一次衝動的責備……

改變一個人很難，你無法控制 Ta 是否存／取款，但如果你想讓這段關係變得更美好，你總是可以做些什麼來主動存款、避免取款。

也就是説，**你無法改變一個人，但可以改變你們之間的關係，之後通過良好的關係來影響對方。**

隨著情感帳戶存款的增多，你將獲得更多來自 Ta 的理解、信任和支持，這種影響將是非常深刻的。當帳戶中的金額足夠龐大，這段健康的關係就能夠經歷風雨，更加長遠。

很多人並不了解情感帳戶的存在，因為它沒有銀行卡，也沒有存摺。但它無比真實，見證著人與人關係的走向。

一旦了解了情感帳戶的存在，你就會明白關係的發展並不是隨機的；一旦你決定經營這個帳戶，你擁有的關係就會一步步朝著你想要的方向發展。

☺ 用好「零成本」的強大積分項──真心欣賞

此時你可能在想：關係人需求表中的需求那麼多，每一項都能夠存款，哪一項存得最多、最快？如何立竿見影地讓情感帳戶變得殷實呢？

實際上，有一個經常被我們誤解或輕視，卻又是「零成本」的強大積分項──真心欣賞。

我有一位校長朋友，和他的一次談話深深觸動了我。他説自己從業 30 年間從來沒有批評過任何一個孩子，不僅當面不批評，也從未在家長

那裡告過孩子的狀；相反，當家長問起孩子的情況時，他總會真心讚美每一個孩子，告訴他們孩子又進步了。

他是孩子最喜歡的物理老師，在他班裡待過的學生成績經常是全校第一，甚至是全市第一。說起他的教學理念，他分享了陶行知先生「4 顆糖」的故事。

陶行知在做校長時，在校園裡看到一個男孩正想用磚頭砸另一個同學，於是及時制止，同時請這個男孩下午 3 點去自己的辦公室。

為什麼是下午 3 點，而不是馬上呢？因為陶行知要調查一下情況，也讓雙方都平靜一下。調查結果是，那個同學欺負一位女生，這個男孩看不過去，衝動之下就想教訓一下他。

陶行知買了 4 顆糖裝在兜裡。他故意等男孩先到辦公室門口，才緩步走過去。男孩戰戰兢兢，陶行知一見到他，就掏出了一顆糖：「這是送給你的，因為你很準時，比我先到了，說明你非常守時。」

接著又掏出第二顆糖：「這也是送給你的，我不讓你打人，你立刻就停手了，說明你很尊重我。」男孩將信將疑地接過糖。

陶行知又掏出第三顆糖：「據了解，你準備教訓同學是因為他欺負女生，說明你非常有正義感。」

這時男孩已經泣不成聲了：「校長，我錯了。不管怎麼說，我打算打人都是不對的，我以後不打人了。」這時，陶行知掏出第四顆糖：「你的想法太好了，我們的談話也結束了，你走吧。」

這位校長朋友告訴我，他身上也總是裝著幾顆糖，看到哪個孩子表

現不好或遇到傷心事，就送給他們一顆。每個孩子在收到糖時都很驚喜，因為這不僅是一顆糖，更是一份非常有分量的欣賞、信任、尊重、希望。有了這些，很多具體問題就迎刃而解了。

對犯了錯誤的孩子，不僅不批評，還給 Ta 甜蜜的糖果，是不是有些不可思議？此時請你想像一個場景：如果一個人不小心掉進坑裡，那麼坑裡的這個人需要的是什麼？下面的這些話語，我們也許並不陌生。

- 告訴你這裡有坑，你不注意，掉下去了吧？
- 別人都沒掉進去，為什麼掉進去的是你？
- 你怎麼又掉進去了？還不快點兒上來？
- 你再不上來，可沒人能幫你！
- 你再不上來，後果自己負責！

沒有人想掉到坑裡去，每個人都想生活得更好，但作為生活的一部分，問題在所難免。簡單觀察一下職場和家庭的情況就會發現，在問題面前，我們身邊從不缺少批評。但是有多少人是因為被批評而變得更優秀呢？**如果批評真的管用，還用得著反覆地批評嗎？**

再試想一下，如果不小心掉進坑裡的人是你，你希望別人做什麼呢？

- 是不是希望有人珍視你，問你傷到了哪裡，疼不疼？
- 是不是希望有人牽掛你，問你在坑裡是不是很難受？
- 是不是希望有人協助你，問你需要梯子或繩子嗎？
- 是不是希望有人關心你，問你是否有信心爬上來？
- 是不是希望有人欣賞你，對你說你只是不小心掉下去了，你的閃光之處仍令人讚歎？

這就是美好關係所能帶來的一種惺惺相惜的理解和關懷。作為問題

管理者，你會非常重視重要關係人的感受和需要，也能夠穿透表面現象，看到 Ta 的閃光之處，珍惜 Ta 的獨一無二。

因為你了解：人與人之間的欣賞是鞏固一切關係的基礎，而真心欣賞就是情感帳戶裡「零成本」的強大積分項。

欣賞的力量比我們想像的還要強大。每次在 KSME 問題解決課堂上，我都會問大家：你需要被欣賞嗎？無論是企業高管還是基層員工，無論是家長還是孩子，無論是丈夫還是妻子，沒有一位學員說自己不需要。

但有一次，一位集團總經理孤高地說：「難道我還需要被欣賞嗎？」大家尷尬地沉默了片刻。他接著說：「要不現在試試？」於是在場的人會心一笑，開始圍成一圈輪流表達對他的欣賞。

一番溝通過後，這位總經理哽咽了：「我以前以為欣賞就是說漂亮話，沒想到你們這樣認真、具體地欣賞了我，說到我脊背冒汗，這幾乎是我成年後第一次落淚——原來被欣賞的感覺這麼好。」

他有感而發：「我突然覺得特別對不起我的下屬，我做過 3 個公司的總經理，大家都怕我，因為我對下屬從來都只有批評，沒有讚美。」

一位公司高管對員工寫給她的欣賞如數家珍：「一遇到不順心的事我就把它們拿出來看一看，溫暖一下自己。」每次見面，她都會提到這件事，也嘗試把欣賞的文化帶到了自己的家庭裡。

一對第二天就準備辦理離婚手續的夫妻，當妻子寫出對丈夫的 8 個欣賞之處後，丈夫激動地抱緊了妻子：「我以為自己在你這兒一無是處，原來你還能看到我這麼多優點。看到這 8 條，我覺得我們的婚姻還能繼續！」

這樣的故事太多太多，它們都表明，幾乎每個關係問題都與缺乏真

心欣賞有關。

需要特別留意的是，欣賞既不是表揚，也不是吹捧。從某種層面講，表揚是自上而下的，背後是「居高臨下」式的評價；吹捧是自下而上的，背後是技巧式的討好和奉承。欣賞則與兩者都不同。

你有那麼多優點，魅力四射、聰明伶俐、活潑陽光，

真希望你能看到我眼中的你。

——《摩登家庭》

欣賞是一種「平視」的讚美和祝福，它所滋養的不僅是單個的人，更是「關係」。是你的欣賞令對方感受到 Ta 的付出被你看見了，Ta 的美好品質被你確認了，「我在乎的人看到了我的好，並坦誠地告訴了我」。一種惺惺相惜的理解在你們之間流動。

☺ 為什麼表達欣賞比表達批評更難？

在我們生活的環境裡，表達欣賞似乎是一件令人難為情的事情，欣賞彷彿並不常見。我在 KSME 問題解決課堂上經常問大家在最近兩週裡讚美過誰，大多數人表示幾乎沒有讚美過別人，少數人回答讚美過自己的孩子。我也會問，最近的兩週內誰讚美過你呢？此時，課堂上往往一片寂靜。

值得思考的是，為什麼表達欣賞比表達批評更難？或許有兩個原因值得考慮：一是我們看不到 Ta 的優點，不知道欣賞什麼，或只關注結果，看不到對方的努力與付出；二是缺少一種鼓勵、欣賞的氛圍，令我們難以開口表達欣賞。

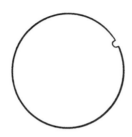

在上面這張圖中，你看到了什麼？

你可能會說看到了一個大圓，上面有一個小缺口。此時，你的注意力在哪裡？是在小缺口上嗎？幾乎所有人都和你一樣。這是一個很大的圓和一個很小的缺口──這個缺口可能只占總體的百分之一。但是，它為什麼容易成為我們關注的焦點呢？

或許是因為這裡與其他地方不一樣，沒能符合你的期待。在關係中，這個小缺口就像某個人說錯的一句話、做得不好的一件事。我們在緊盯這一點時，就像在漆黑的夜裡，拿著手電筒觀察它一樣──這時我們看到的，就不再是一個小缺口，而是一個醒目的大缺口，以至於無法看到它本是大圓的一部分。

每一個人都是立體的，有優點就一定會有缺點，但一個人的優點通常遠遠多於 Ta 的缺點。然而在關係中，僅有的缺點往往碾壓了 90% 的優點，獲得了 100% 的關注。

　　一個規律是，關注什麼就在創造什麼，當你高度關注一個人的某個缺點時，你就會發現 Ta 有一連串的缺點和許多對不起你的地方。

　　但當你把關注點重新放到大圓上，你會發現那個缺口遠不能為 Ta「代言」，那只是這個人很小的一部分而已，Ta 有許多更美好的行為和品質值得關注，而當你向 Ta 表達了欣賞後，Ta 身上的優點也會不斷被強化。

　　欣賞是鞏固一切關係的基礎。如果我們認為關係中的另一方毫無優點可言，自己不得不和一個「沒有優點的人」相處，那麼這段關係的雙方注定彼此消耗。

　　在 KSME 問題解決課堂上，我經常見到下面這樣的情形。

　　一位 CEO 說：「兩年前，我親自招聘了一位優秀的畢業生，他自信又有才華。但隨著時間的推移，我因為他在工作中的一點兒失誤經常否定他，看不到他的優點，使他在我面前再也不像原來那樣自信了。他在半年前申請了離職，至今我都感到非常遺憾。」

　　一位男士說：「10 年前，我遇到一個很美的女孩，我鼓起勇氣向她搭了話，後來她成了我的妻子。但忙碌的生活使我忘記了欣賞她，開始不自覺地挑剔她，我們的關係變得疏遠……」

　　有的人苦思冥想，只能列出另一半的 2 個優點，卻能輕輕鬆鬆列出對方的 20 個缺點。一位學員曾為 KSME 問題解決課堂貢獻了一個金句：**「沒有人能夠通過指責他人獲得幸福。」**

　　當一個人表達指責與批評時，不僅會挖掘他人更多的缺點，還會感慨自己遇人不淑；但當你表達欣賞時，你會驚喜地發現——原來自己正在和這麼優秀的人共事、一起生活。

　　無論是在職場還是在家庭中，真心的欣賞都相對匱乏，因為鼓勵、

欣賞的氛圍往往是稀缺的。但作為問題管理者，你可以嘗試在家庭或公司內部主動營造欣賞的氛圍，逐步使互相欣賞成為你與其他成員的相處之道。

事實上，表達欣賞比表達批評更需要勇氣。那麼，我們要如何表達欣賞呢？表達欣賞最直接的行動就是讚美。

在 KSME 問題解決課堂上，一位女士說她為了完成一份重要報告加班了兩週，付出了很多心血，對自己的成果和創新點也非常滿意；可當她把報告發給部門經理後，只收到了 5 個字：「辛苦了，謝謝。」她在交報告前對主管的回饋還是有所期待的，但部門經理的回覆令她非常失望。

這位女士提出這個問題時沒有抱怨，只是平靜地講述了自己當時的感受。部門經理聽後很受觸動，說他當時很欣賞這份報告，只是不知如何表達。我給了這位部門經理一個機會，請他重新給予回饋。於是，他在紙上寫了下面這幾段話，當場念給了這位女士聽。

- 你這次的報告寫得非常好，是多年來咱們部門的第一次創新。
- 報告分為 5 個部分，論證嚴密，我能看出你有很強的邏輯能力。
- 報告引用了很多資料，並用圖表直觀呈現，非常能說明問題。
- 報告格式清晰、語言簡練，關注整體的同時還能兼顧細節，我想你一定付出了很多。
- 這是我們部門最棒的報告，我打算將它作為範本。
- 這樣的報告都可以作為公司報告的標杆了，我打算發給上級部門。
- 謝謝你，你為咱們部門贏得了榮譽！

聽完部門經理的回饋，這位女士潸然淚下，她說這是自己入職 7 年

以來最有歸屬感的一刻。這位部門經理的讚美之所以如此有力，與他遵循了下面的 3 個要點有關。

- 讚美要具體。他的讚美從行為層面開始，到能力和態度，再到貢獻和價值，層層遞進，讓對方感受到讚美是具體而真實的。
- 讚美要真誠。他的讚美不僅體現在內容上，還體現在語音語調、眼神表情、肢體動作上。如果用半開玩笑的語氣讚美，或是一邊讚美，一邊做無關的動作，讚美的效果就會大打折扣。
- 讚美要正式。他在紙上工整地寫下了讚美之詞，並在公開場合表達，賦予了讚美濃重的儀式感。

但這位部門經理遺漏了一個要點，即「讚美要及時」。如果他能在收到報告的第一時間就表達這種讚美，那位女士將會更早獲得強烈的歸屬感。

這 4 個要點只能幫助我們初步表達讚美，讚美的最高境界是不由自主、表裡如一，就像我們會自言自語：「今天的天氣真好啊！好美的花！」

讚美不需要浮誇的口才，有時你的眼神、動作、語言都會傳達出你對 Ta 的欣賞，只要是發自內心的，就會有打動人心的力量。

一家企業的工作氛圍出了問題，相互指責、抱怨幾乎成了風氣，開會時只顧找錯、只挖缺點。他們決定改變，在解決方案中列出的第一項是在公司門口布置一面「欣賞牆」——歡迎大家在貼紙上寫下今天誰做了一件什麼事，並貼在牆上，公開表達對 Ta 的感謝或讚美。

有的同事說，自己只是順手做了一件小事，沒想到就在公開場合看到了他人對自己有儀式感的讚美，有的貼紙還是匿名的！就這樣，大家感到自己越來越安全，越來越被善待，公司的氛圍有了轉變，互相欣賞

的企業文化也逐漸形成。

　　除了企業，一些家庭也創新了自己表達欣賞的方式。有的家庭買了一個小白板掛在門口，像企業的「欣賞牆」一樣用於收集可感知的欣賞；有的家庭設計了「家庭留言本」，用於寫下對彼此溫暖的問候，於是大家每天都像收信一樣翻看小本子，希望找到給自己的「信」。

　　有的父母為了幫助孩子建立信心，每天都會寫一張表達讚美或祝福的小紙條，悄悄放到孩子的文具盒裡。孩子到學校後，一打開文具盒就能看到這張小紙條，感知到父母滿滿的愛與陪伴。

　　你欣賞你的重要關係人嗎？你願意嘗試一下，主動表達自己對 Ta 的欣賞嗎？

　　如果你願意，請在下面的卡片裡把你心中對 Ta 的欣賞和感謝寫出來，然後剪下來送給 Ta 吧（你也可以 DIY 一張新的卡片）！這會令你對 Ta 的情感變得「可感知」，使你們之間的情感帳戶積蓄倍增。

To: _____

我對你的欣賞	我對你的感謝
1	1
2	2
3	3
4	4
5	5
6	6

在填寫時，你可以這樣問自己。

- Ta 的什麼習慣是我敬佩的？
- Ta 的什麼能力是我欣賞的？
- Ta 的哪些品質是我認同的？
- Ta 的哪些行為令我感到 Ta 很友好？

如果你暫時還不願意，沒關係，請不要勉強自己。你不妨先試著觀察 Ta 積極的行為或品質，順其自然。

☺ 相信而敢於託付：來到良性循環的入口

除了真心欣賞，情感帳戶還有一個強大的積分項──信任。請你回答下面的問題，評估你和重要關係人之間的互信程度。

- 你信任 Ta 嗎？
- 對方怎樣做，你才能感受到被信任？
- 同樣，對方是如何感知到你對 Ta 的信任的？

在一次面向企業的 KSME 問題解決課堂上，一位財務經理看起來很忙，聽著聽著課就出去打電話了。下課後他主動找到我，說很不好意思中途出去處理工作，只是有些事情他實在放心不下。

我仔細了解了一下他在忙些什麼，發現他在忙許多該由下屬負責的事情：他交代了一位下屬寫會議紀要，因為擔心下屬寫不好，所以仔細叮囑其該怎麼寫，應注意哪些事項；下屬寫完後，他還會細緻地檢查一遍格式和細節，竟然每次都能發現錯別字。

他抱怨下屬工作不認真，入職 5 個多月了，連一個會議紀要都寫不好；不斷被批評的下屬也越來越沒有自信，各方面的表現都越來越差。兩個

人的關係很緊張。

　　這位財務經理一邊焦慮地抱怨下屬能力差，沒有自主性，一邊又包辦了所有細節工作，一邊聽課一邊指導工作，忙得焦頭爛額。

　　問題到底出在哪裡？

　　叮囑如何寫報告、檢查報告格式、修改錯別字……看起來好像都是關心下屬的表現，但在下屬心中，這意味著不被信任。讓我們先來看看這張「不被信任」的循環圖表吧！

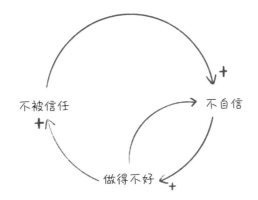

- Ta 在感到不被信任時，會不會容易不自信？
- Ta 在不自信時，會不會很難把事情做好？
- Ta 做不好事情時，會不會更加不自信？
- Ta 做不好事情時，會不會更難被信任？

　　雖然大家常把「信任」掛在嘴邊，但往往沒有真正理解信任的含義。信任意味著**相信而敢於託付，重點在於託付。**

　　在面向企業的 KSME 問題解決課堂上，我經常設置這樣一個環節：兩人一組，相互交流「**如果對方是你的下屬，你願意把怎樣的工作託付**

給 Ta」。 大家普遍認為當被委以重任時，會明顯感到被極度信任。

重任，不是指自己不想做的、麻煩的事情，而是指重要且有價值的任務，或極具挑戰性、只有具備某種能力的人才能勝任的使命。

1997 年，我的第一次英文授課令我終生難忘。在我加入公司剛滿 4 個月時，老闆給我安排了一次英文授課，學員來自歐美地區。

當接到這樣的重任時，我真是嚇壞了！我擔心自己的技術不過關，更擔心自己的英文水準不夠高，對英文授課充滿恐懼。

我在第一時間找到了老闆，問：「老闆，我行嗎？」

老闆毫不猶豫地說：「你行，我相信你一定行。」一聽到這句話，我好像被注入了力量，立刻放下了所有的藉口、理由，此後再也沒推託過這一任務。

假如老闆對我沒有足夠的信任，而是來問我：「給你安排了一次英文授課，你行嗎？」我相信我的回答一定是：「老闆，千萬別安排，我肯定不行！」那也就不會有後來的故事，也不會有此刻正在寫這本書的我了。

得到老闆的信任後，我暗下決心，告訴自己一定不辜負他的重托，並開始全力以赴地備課。兩個月後，我順利完成了人生中的第一次英文授課，還得到了學員的高度評價。

看到學員回饋的那一刻，我淚如雨下，為自己的付出而感動，更為老闆給予的信任而感動。這件事大大增強了我的信心和成就感，促使我更有底氣地往返於多個國家／地區授課。

現在，對應前面「不被信任」的循環圖表，讓我們來看看當一個人「被信任」時是怎樣的吧！

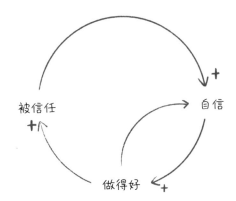

- Ta 在感到被信任時，會不會更自信？
- Ta 在自信時，會不會努力把事情做得更好？
- Ta 把事情做得更好時，會不會更被信任？
- Ta 把事情做得更好時，會不會更自信？

這樣就形成了一個良性循環，且它會不斷升級。

但是，這個循環涉及「雞生蛋，還是蛋生雞」的問題：**是等他人出現值得信任的行為時再信任，還是先信任呢？**前文的財務經理及其下屬的問題，該如何解決呢？

我建議這位財務經理先不要過度參與會議紀要的撰寫工作，嘗試把這個任務完整地「託付」給下屬，看看會發生怎樣的變化。

3 個月後，這位財務經理語氣輕鬆地對我說，他最近工作得更遊刃有餘了，和下屬的關係更好了，就連團隊凝聚力都更強了！

我問他是怎樣做到的，他說這期間自己生了一次病，有兩週沒上班，導致他不得不做好分工，把工作全權交由下屬完成。不過，他在離開時

正式表達了對下屬的充分信任，休假期間也沒有過問任何細節。

病癒後，他驚喜地發現下屬的工作成果遠超自己的預期。他特別提到，那位經常被他指導細節的下屬，竟然主動去聽公文寫作課，現在寫出的報告水準堪稱一流！

這位經理很感慨地說，問題就是機會，他充分體會到了信任的力量，並且發現，**信任往往會帶來互信的積極行為。**

信任能使關係和個人成長來到良性循環的入口，其對立面就只是「不信任」嗎？事實上，信任的對立面還包含了一個常見的行為──輕易提建議。有人說「我很信任我的丈夫」，但總在丈夫開車時指揮不休；有人說「我很信任我的孩子」，但連決定買什麼顏色的衣服的權利都不給孩子。**如果有人問，不花錢就能得到的最多的東西是什麼？我很可能會回答：建議。**

生活中輕易提建議的例子比比皆是，小到建議別人喝什麼飲料、穿哪件衣服、先吃什麼、後吃什麼，大到建議別人辭不辭職、定居於哪座城市……你拋出一個問題後，很可能會立刻得到無數個建議。很多建議都是「零成本」的，它們的提出不需要經過調研、不需要經過思考，提建議的人甚至意識不到自己在提建議，就像吃飯、喝水一樣自然。

但我們不妨停下來想想，建議到底是什麼呢？

結果令人震驚──建議就是「方案」。為解決問題制定一個方案，這是多麼複雜、困難和慎重的事情。可是在日常生活中，有些人一開口就在提建議，下意識地勸說他人選擇自己的方案。這樣提出的建議是不是顯得有些草率、不負責任？原本是一片好心，殊不知給他人造成了干擾，傷害了關係本身。因此無論是對孩子還是對成人，在對方沒有主動尋求建議時，

我們都應敢於放手、敢於託付，敬畏雙方的邊界，讓對方感知到被尊重，使 Ta 體驗到要怎樣對自己的選擇負責，把本屬於 Ta 的成長空間還給 Ta。

值得注意的是，「不輕易」提建議不等於「不能」提建議。只有在充分了解對方的情況後，經過認真地思索，在合適的場合、以對方能接受的方式、慎重提出的建議，才是真正有價值的。我們把這種建議稱為**「建設性回饋」**。

10 年來，我始終把「不輕易提建議」作為自己在問題解決過程中堅持的最重要的原則之一。我始終相信每一個找我解決問題的人，我始終相信每個人都最了解自己的情況，都能為自己做出當下最好的選擇，也都會為自己的選擇負責。

在問題解決過程中，我從不把想法強加給任何人，因為我真心相信人人皆有所長，人人渴望成長，每個人都想變得更好，也都能變得更好。

我相信即使 Ta 哪裡出錯了，也只是暫時遇到了困難。我需要做的是幫忙 Ta 排除干擾、發揮潛力，相信 Ta 一定能成為自己問題的最終解決者。

一次，在面向企業的 KSME 問題解決課堂開始前，企業的負責人說為了保證學員專心聽課，要求所有人把手機統一放到一個固定的地方，即「停機坪」。我說如果這不是企業的規定，就不要這樣做了。她好奇地問：「您就不擔心學生上課看手機？」我說：「不妨先選擇信任，看看結果會如何。」

課程開始時，我聽到學員邊笑邊說：「這次上課不交手機？」於是我在開場時說的第一句話是：「我建議由你們自己管理手機，是因為我相信你們上課會積極投入，不會玩手機。你們值得託付，對嗎？」大家異口同聲地說：「對！值得！」

課程進行中，我不斷強化對他們的信任，每隔一段時間就會肯定一次大家的表現。長達一天半的培訓，真的沒有一個人在上課時玩手機。

其中一位學員分享，他目前最大的困惑就是隨時隨地都想玩手機，這已經嚴重影響了他的工作、休息以及對家人的陪伴。他沒想到這次竟然把手機「管理」住了，這為他解決手機問題建立了信心。

信任本來是這次課堂的重點內容，但我並沒有講，而是讓學員通過這樣的方式體驗到了被信任的感覺以及信任的力量。

最後我補充：「我相信你們，很大程度上是因為我也相信我自己，基於課前的調查，我相信這些內容是你們需要的。」其實，每一份信任的背後都需要**一份能為事情負責的自信**。

面對下面的情況，你敢於選擇信任嗎？

・下屬出了差錯。

・你的另一半想要換一份工作。

・你的孩子堅持從讀理科改成讀文科。

・你的父母說想換個城市生活。

・你上大學的孩子想休學一年創業。

・孩子告訴你，他會自律。

這些都是我遇到的真實案例。當事人最終都選擇了信任，並借由這份勇敢的信任使關係得到了改善。**你信任你的重要關係人嗎？你的重要關係人信任你嗎？**現在請你對自己與重要關係人之間的信任程度做個「體檢」吧。請你按照下表中的 7 個維度，用 1～5 分為你們的信任程度打分，在「Ta 信任你」這一列，你可以自己假設對方會為你打的分數，也可以請對方親自來打分。

信任程度體檢表

維度	你信任 Ta（1～5分）	Ta 信任你（1～5分）
1. 你相信 Ta 最了解自己的情況嗎？		
2. 你相信 Ta 是有能力獨當一面的嗎？		
3. 你相信 Ta 會為自己做出當下最好的選擇嗎？		
4. 你相信 Ta 能為自己的選擇負責嗎？		
5. 你相信 Ta 能信守承諾、保守秘密嗎？		
6. 你敢於把非常重要的事情託付給 Ta 嗎？		
7. 你相信 Ta「想」變得更好，也「能」變得更好，擁有精彩的未來嗎？		

在填寫這張表時，很多人深受觸動，開始重新審視自己是否為對方留出了足夠的空間，是否曾不小心給對方帶來了困擾，是否為到達彼此嚮往的未來提供了足夠的支持……

不過別擔心，無論分數是高是低，它評估的都是過去的情況；在接下來的時光裡，你可以通過某些可感知的行為，進一步提升彼此的信任程度。

　　接下來，為了讓你的重要關係人感知到你的信任，你打算做點兒什麼呢？

　　比如一位經理打算告訴下屬，「我決定把這個有價值的任務全權託付給你，因為你在我心中非常有能力、非常可靠」；一位父親說，他打算在孩子寫作業時不再進屋查看，並告訴孩子，「你非常值得我和媽媽信任，你一定會為自己做出最好的選擇」等等。

　　如果你可以做點兒什麼，那會是什麼？請把你的想法紀錄在下方的橫線上吧！

　　為了得到重要關係人的信任，你打算做點兒什麼呢？那位得到信任的下屬，為了提升業務能力主動聽了公文寫作課，後來成為骨幹員工；那位得到父親的信任的孩子有一天主動把手機交由父親保管，令全家人大吃一驚。如果你可以做點兒什麼那會是什麼？請你把自己的想法紀錄下來吧！

⏱ 最稀缺的能力：請別人多說，讓自己多聽

此刻請你想像一個場景，你正坐在安靜的咖啡廳裡和一位重要關係人解決問題，不過在對話中：

- Ta 多次打斷你；
- Ta 經常把話題轉移到自己身上；
- Ta 直接問你或猜測敏感的話題；
- Ta 輕易下結論，急於做出評價；
- Ta 很少回應你，或敷衍地回應你；
- Ta 不和你進行眼神接觸；
- Ta 面無表情、姿勢僵硬；
- Ta 時不時地看手錶／手機；
- Ta 打哈欠、歎氣、撇嘴、抖腿。

面對這樣的重要關係人，你會想繼續和 Ta 敞開心扉地溝通，一起解決問題嗎？

作為一項基本的溝通能力，「聆聽」經常被我們掛在嘴邊。但事實是，真正願意聆聽、會聆聽的人非常罕見，而且**聆聽是問題解決過程中最重要也最稀缺的能力之一。**

圍繞問題進行溝通並不是一件容易的事情，不是有人說、有人聽就是溝通。如果我們沒有表達欣賞的能力、換位思考的能力、愛的能力，就無法發揮聆聽的作用。

一位高中生找我解決問題時，一開始說自己這次的成績不理想，後來又說到和媽媽關係不好，再說到不太喜歡數學老師，最後談到——他戀愛了。他說這是自己的大祕密，誰也沒告訴過。

　　他的話題之所以能逐漸深入，是因為他發現無論自己說什麼，我都沒有表現出驚訝，沒有批評、指責他，也不急於指點他。他判斷環境是安全的，才慢慢向我敞開心扉。

　　就像一間屋子一直門窗緊閉，有一天你特別想打開窗子透透氣，你就試探著把窗戶打開了一點兒，發現風不大，也沒有霧霾，於是你把窗子開得更大；一旦你發現風太大或出現了霧霾，就會立刻把窗子關上。

　　溝通也是這樣，溝通的深度與溝通的氛圍直接相關。一旦我們在不經意間破壞了氛圍，溝通效果就會大打折扣。作為問題管理者，你需要了解下面幾項「聆聽小提示」，它們將為你的問題解決之旅保駕護航。

　　多聽、少說。溝通時，如果你能做到多聽、少說，那你就是一位專業的聆聽者。少到什麼程度呢？你可以遵循 8/2 原則：用 80% 的時間聆聽，用 20% 的時間提問、回饋、澄清、說明。為了營造讓對方願意表達的氛圍，你可以不斷地問「還有呢」以讓對話持續下去。請注意，「還有呢」不同於「還有嗎」。一字之差，效果卻天差地別。

　　溝通時，注視對方。每個人都渴望被「看見」，特別是當敞開心扉表達自己的觀點時，會下意識地尋找對方的眼睛。在快節奏的互聯網時代，我們容易忽略面對面溝通的價值——有的人一邊聽，一邊看手機、看電腦，甚至看天花板，唯獨不把目光放在對方身上。殊不知，這會讓對方以為你對 Ta 談論的話題不感興趣，讓 Ta 產生自我懷疑，甚至傷害關係本身。

　　不在對方說話時想著自己一會兒如何提問或回答。有的聆聽者在聆聽前就在心中準備好了答案，於是在聆聽過程中選擇性地聽、「假裝聽」，這將使溝通陷入僵局。

不隨意插話、打斷對方。 很多人在聆聽過程中都抱著評判的心態，隨時想要糾正對方，或者由於對方的表達觸發了自己的靈感，就把話題引到自己身上，這將嚴重影響對方的表達意願。

不輕易下結論、不急於提建議。 如果沒有深入聆聽，沒有充分了解情況，請不要急於發表自己的觀點，對方不一定是來尋求方案的，Ta 可能只是想解決情緒問題，而不是實際問題。

適當重複對方說過的一些語句。 如果我們能抓住「談話中的櫻桃」，適當重複對方的關鍵話語，會使對方感受到我們的尊重與投入，迅速產生親和感。你也可以嘗試提煉和概括對方的表達，尤其是在對方試圖表達但又表達不清的情況下。

聆聽過程中，多進行階段性總結和回顧。 一般情況下，大約 15 ～ 20 分鐘總結、回顧一次，確保雙方在一個頻道上。這些總結、回顧往往也是進行下一步的前提，比如「剛剛咱們對目前的情況進行了拆分，下面……」。

聆聽是需要長期訓練的能力，也是一種非常需要愛的能力。

如果條件允許，你可以嘗試花 20 分鐘「心無旁騖」地聆聽自己的重要關係人，並在過程中運用這些「小貼士」。如果你真正踐行了深度聆聽的原則，你可能會得到意料之外的資訊，你與重要關係人的關係也會更進一步。

作為問題管理者，你已經發現了解決關係問題所需的 3 項核心能力，它們分別是欣賞、信任、聆聽。

實際上，這 3 項能力絕不僅是解決關係問題所需要的，**它們對情緒問題及實際問題的解決也至關重要。**

　　無論是家人、老闆、主管、下屬、客戶，其實每個人在關係中的需求都並不多，他們並沒有過多物質層面的需求，更多的是需要被理解、被尊重、被信任、被認可、被聆聽。如果概括一下，他們需要的都是「愛」。

　　有人說，我感覺這些我都做到了，可孩子還是說我不愛 Ta，另一半也總是問我到底愛不愛 Ta。

　　實際上，「愛」或「不愛」不是提供者自己一個人說了算的，而是以對方是否「感知到」為標準。

　　劍橋大學的一項統計研究顯示，人的一生平均會遇到 2920 萬人，而成為家人的概率只有 0.000049。每個家庭都是因為愛而組建的，但有的家庭成員卻感受不到愛意。

　　這裡有一個基本原則：愛需要可感知，**重點在「可感知」上**。真心地欣賞與讚美、真誠地信任與授權、投入與尊重地聆聽，都能提供大量「可感知的愛」。

　　不過，請你在提供可感知的愛的同時，也盡力主動去感知他人的愛。你的身邊從不缺少愛，你只是需要提升感知愛的能力。「愛」本身，是許多問題得以真正解決的根本。

可感知的愛
Perceptible Love

《可感知的愛》

如果你問我，什麼是可感知的愛？

我或許會這樣回答：

愛是欣賞，是「平視」的讚美；

愛是信任，敢於把重要的事相托；

愛是傾聽，是不打斷、不挑剔、不嘮叨；

愛是首先改變自己，影響他人；

愛是尊重的相待，愛是提供歸屬；

愛是一杯溫水、一頓早餐或一句問候；

愛是撕下負面標籤，使用美好的語言；

愛是理解他人的苦衷，接納對方的局限；

愛是不輕易給建議，相信人人會為自己做出最好的選擇；

愛是給人以自由，給己以自由；

愛是互為環境，彼此成就。

第 8 章

如果可以做一點點，
那會是什麼？落實行動計畫

至此，你不僅把握了解決問題的原理（P=p-i），找到了解決方案
的入口（K、S、M、E），還找到了解決「問題之王」的方案。恭
喜你，你距離目標實現只有一步之遙了！

在這一章中，你將根據解決方案列出可落實的行動計畫，並對行動
計畫進行過程管理——讓自己的願景真正變為現實。

1. 誰先改變？

解決問題的最後一步，就是列出「行動計畫」，通過實踐對解決方案進行檢驗。行動計畫，意味著一定要做一點兒不一樣的事情，而這需要有人做出改變。

那麼問題來了，到底誰先改變呢？

☺ 成為變化本身：首先改變的人最有力量

在 KSME 問題解決課堂上，我經常會聽到這樣的聲音。

・今天來的要是我的老闆或主管就好了，Ta 需要改變。

・我的下屬今天在場就好了，Ta 需要改變。

・今天來的是我的另一半就好了，Ta 需要改變。

・要是我父母也來聽聽就好了，他們需要改變。

課堂上還經常出現這樣的情景：不少學員邊聽課邊拍照片，第一時間將照片發給下屬或伴侶，讓他們根據照片的內容「好好學著點兒」。不難看出，很多情況下我們期待別人先做出改變。

的確，如果別人改變了，有了更好的表現，我們的心情因此更愉快，也許問題的解決會更加有效。但這只是我們對他人的期待。

你是不是在以往大量的工作和生活經歷中發現，改變他人非常非常困難？如果一個人想方設法地要改變你，你會欣然接受嗎？最終結果很可能是雙方發生爭執和衝突。畢竟，沒有人願意按照別人的方式和標準來改變自己。

你也許認為不是你一個人的錯，甚至問題本身是對方造成的，為什

麼自己要先改變呢？首先改變的人會不會沒面子？也許對方的想法和你一樣，那大家都會被動地等待對方跨出第一步，誰也不主動提供變數，現狀將繼續維持下去。

實際上，改變的原則很簡單：**誰想解決問題，誰先改變；而不是誰有錯，誰先改變。**

一位女士抱怨新部門的同事們不愛與她來往，除了交流工作上的事情，沒有一個人主動找她說話，她感到自己被孤立了。

當了解了改變的原則後，她發現既然自己很有意願（M）去解決這個問題，不如先邁出一步。她從真誠地關心一位生病的同事開始改變，從幫助身邊的人完成一件小事開始改變……

慢慢地，她用自己熱情和積極的行動結交了 10 多位摯友，在工作中帶給了許多同事歸屬感，出乎意料地成了部門裡最有號召力的人。現在的她經常帶頭組織部門裡的團建活動，辦公室在她的帶動下越來越有人情味兒，她也成了主管的得力助手。

實際上，首先改變自己的人是不找藉口的人，是不抱怨的人，是主動解決問題的人，是可以主宰自己的生活而不被他人或者環境主宰的人。

你的改變，讓「冷戰」停止；你的改變，讓局面有所不同；你的改變，讓工作更愉快、家庭更幸福；你的改變，讓問題得到解決，讓自己更有影響力……

不知不覺中，一切美好都圍繞你而發生：他人隨你而動，環境因你而變，一切變化因你而起──**首先改變的人最有力量。**

不過仍有人擔心，如果自己改變了，他人不跟著改變怎麼辦？首先改變的人容易對他人充滿期待或給他人壓力，認為「明明我都改變了，

你怎麼還不改變」，糾結於繼續改變自己的意義何在。

大部分情況下，我們在改變自己的同時會帶動他人改變。但這並不意味著，只要我們改變自己，他人就必然跟著改變，也許 Ta 還需要一些時間、一些環境的支持。

我們需要冷靜下來直面一個事實：在問題面前，必須有人先做出改變，這樣才能為改變現狀提供變數，才可能使問題得到解決。

作為問題管理者，改變自己，而不是坐等他人改變，是解決問題的必由之路和唯一方法。

☺ 你的影響力超乎你的想像

必須承認的是，我們很難改變他人，但這並不意味著我們無能為力只能望洋興嘆。

想一想，你特別想改變的是誰？他們往往並不是陌生人、不是與自己不相關的人，而很可能是你的家人、同事、朋友或者客戶，因為你和他們處在同一個「系統」中，相互牽動、彼此影響。

每個人都同時屬於多個系統，有大系統也有小系統。比如你所在的工作小組是一個系統，你所在的部門是一個系統，你所在的分公司是一個系統，總公司也是一個系統。你的家庭是系統，孩子的班級是系統，學校也是系統。當然，你自己也構成一個小系統。

此外，還有一些臨時組成的系統，比如解決問題時的關係人就構成了一個系統，即問題解決專案團隊。也就是說，**我們的每一個角色都對應著一個系統。**

在不同的系統中，人會表現出不同的行為，具有的影響力可能會大

不一樣。**這裡的影響力是指一個人對系統功能實現程度的影響。**

比如，家庭的功能是提供歸屬感和安全感、情感交流、親子教育等，如果一個人能夠通過自己的行動促進這些功能的實現，就說明他在家庭這個系統中的影響力很大。現在，請你在下面的表格中對自己的影響力進行量化，看看自己在不同系統中的影響力有什麼區別，思考自己想要提升在哪些系統中的影響力。

影響力自評表

你所在系統	當前影響力（1～10 分）	期望影響力（1～10 分）
家庭		
部門		
公司		
學校		
社區		
社會組織		
………		

當你完成這張表格的填寫後，你可能會發現自己在某些系統中的影響力非常大，但在某些系統中的影響力較小。對於期望提升影響力的系統，你可以借鑑自己在其他系統中的經驗，並結合自己在該系統中的特點來提升自己的影響力，促進系統功能的實現。

你也許會擔心手中的權力還不夠大，很難產生大的影響力。其實影響力與權力是兩碼事。權力是職位或頭銜賦予的，而影響力是個人贏得的，與個人的素質、能力、情感等多方面因素有關。

除此之外，**影響力還與一個人站在哪個系統中思考問題直接相關。**

　　當一個人只站在自己的角度和立場思考問題，他的影響力就會被大大「壓縮」；但當他站在系統的角度思考問題時，他的格局就會隨之變大；如果他在更大的系統中看待問題，他的視野、胸懷也會更加寬廣，所具有的影響力也會更大。

　　一位女士找到我說，部門來了一位集團安排的主管，老員工們都不接受這位新主管的工作風格，覺得他對公司的情況不了解，來了 3 週也沒幹什麼實事，因此都不約而同地找這位女士說新主管的壞話。

　　我問：「這麼多人找你說主管的壞話，你是如何回應的呢？」她理所當然地說：「我一般只是聽著，偶爾附和一下，我也只能這樣，不然還有什麼辦法？」

　　「大家都找你傾訴，說明大家非常信任你，也說明你是很有影響力的。另外，你所在的職位很關鍵，你連接著這位新主管和其他員工。」她想了想：「確實是這麼回事！」「大家都在背後說主管壞話、抱怨主管，會不會影響團隊氛圍和大家的工作積極性？作為部門的優秀員工，這是你想看到的局面嗎？你願不願意通過自己的影響力，來成就這位主管？」

　　她非常驚訝：**從來都是聽說主管成就下屬，還沒聽過下屬能成就主管的！**一番斟酌過後，她決定把目標重新設定為「營造良好的團隊氛圍，成就新主管」。在行動計畫上，她決定先從「不參與大家的抱怨」開始，並主動給主管提供友好的建設性回饋。

　　後來這位女士真的通過自己的影響力，在兩個月內扭轉了局面。不僅團隊氛圍改善了，整個部門的績效也提高了。兩年後，她和這位新主管相繼升職，現在都成了我非常好的朋友。

　　一位在國外求學的女孩本想加入大學內的學生社團，可靠獎學金生

活的她即使每天奔波忙碌，也無法負擔高昂的入團費用。她感歎：「滿懷期待而去，卻被孤立和否定，我的絕望難以言說。」

但她沒有因此止步。在同學和義工的幫助下，她組建了一個零費用的學生社團，對每一位前來申請的人說「yes」。這個新社團旨在幫助在校學生處理生活和學習中的麻煩，很快就吸引了很多學生，後來連校外職場人士也加入其中。

由於實用性、包容性和非營利性，這個社團的人數一度遠超全校其他所有社團，成為當地最有影響力的公益組織之一。

無論是成就新主管的女士，還是創立新社團的女孩，都沒有畫地為牢、指望他人「救贖」自己，都沒有低估自己的影響力，都通過首先改變自己把問題變成了機會。

> 君子求諸己。
> ——《論語·衛靈公》

事實上，問題管理者是不被動等待的人，是為了實現目標積極奮鬥的人，是把幸福乃至命運掌握在自己手裡的人。如果你覺得自己的家庭氛圍不好，那麼你打算做些什麼讓家庭系統的氛圍更溫馨、讓你們的交流更暢通呢？請相信，你是完完全全可以改變這一切的，因為你是伴侶的另一半，是父母的孩子，是孩子的父母，是他們最在乎的人，你對他們的影響力超乎你的想像。

在工作中也是這樣，如果你認為自己的團隊無法協作，那麼你計畫做些什麼讓大家更願意在一起工作，讓這個團隊系統更有凝聚力呢？

就像抱怨部門人情淡漠的女士，她從一個小小的改變開始，用自己親切、幽默和積極的行動點燃了整個部門的熱情，在工作中帶給了每一位同事歸屬感。從系統的角度來說，我們無法改變他人，但可以通過首先改變自己的行為，進而影響他人，而媒介就是良好的關係。請注意，這並不是退而求其次的無奈之舉，也不是某種情懷或大道理，而是讓改變真正發生的「原理」。

不過，要小心不要「反向應用」了自己的影響力。一個不屑的眼神，一個輕易得出的結論，一句不痛不癢的評價，一個轉身離去的動作，都具有可觀的影響力，都有可能「刺傷」關係本身，讓目標遙不可及。

不要忘了，**你能傷害的，往往是最在乎你的人。**

2. 想到就能做到：啟用你的行動計畫

很多人都有這樣的疑問：這麼嚴重、這麼複雜、這麼棘手的問題，需要費多大的勁兒，採取多大的行動才能解決啊？

實際情況真的是這樣嗎？

☺ 用小的嘗試，成就轟轟烈烈的改變

很多人擔心自己的行動計畫不夠科學、不夠全面，因此遲遲不開始

行動。實際上，當你決定邁出第一步時，小的行動就會不斷反覆運算並演化為大的改變。

一位體重超標已影響健康狀況的女士，圍繞環境（E）採取了 6 個行動，就在兩個月內減重了 6 公斤。以下是她為自己列出的行動計畫。

- 換一套小尺寸的餐具（E）。
- 每天回家換一條路，不經過炸雞店和奶茶店（E）。
- 每天定好防止久坐的鬧鐘（E）。
- 不再在家裡囤放零食（E）。
- 把體檢表貼在臥室門上（E）。
- 與臨床營養師溝通一次（E）。

實際上，很多問題的解決並不需要轟轟烈烈的行動、大張旗鼓的改變，小的嘗試就足以推動一系列轉變發生。

- 他從每天少玩 5 分鐘遊戲開始，慢慢地學會了管理自己的時間。
- 他從每天跑 50 米開始，慢慢地恢復體力，5 年後參加了全國馬拉松比賽。
- 她從調整茶几的位置開始，使家庭空間功能逐漸擴展。
- 她從第一次說「No」開始，學會了禮貌地拒絕他人不合理的要求。
- 他從第一次對老婆道歉開始，使夫妻之間的話題越來越深入。
- 他們從為「黑白配」的辦公室增加幾盆綠植開始，使部門有了人情味。

在擬定行動計畫的過程中，你不必負重前行，不必強求自己或他人一開始就採取大變革。小的行動讓一切不再靜止，讓整個系統泛起漣漪 —— 一個接一個的小行動足以扭轉乾坤。

　　如果你想改善家庭氛圍，可以從為家裡買一束鮮花開始，從每天對家庭成員說一句欣賞的話開始。如果你想提升工作效率，可以從下載一個管理軟體開始，從與合作者的一次促膝長談開始。

　　假如你在解決方案中提出要「更好地管理手機」，那麼如何把這個方案落實到具體行動中呢？這與我們個人的經驗、知識有關。

　　你可以回顧一下，自己是不是在某段時間很好地管理了手機的使用頻率，是否積累了相關的經驗？比如定時把手機放到抽屜裡、卸載某個娛樂軟體。你也可以參考網路上的方法，還可以與身邊的朋友交流，看看他們有什麼經驗值得自己借鑑。別擔心，所有的行動都是由你自己定義的。方向永遠優於速度，只要是走在通往目標的路上，每一步都算數！

☺ 擬定清晰的行動計畫，讓改變發生

　　現在，請你設想這樣一個場景。假如你想邀請一位朋友與自己相聚，如果你說：「好久不見了，有機會咱們聚聚。」對方也許會回覆：「好的，期待相聚。」這樣的約定，有多大可能被履行呢？

　　第二個場景，如果你說：「好久不見，下週有空的話聚一下吧？」對方如果說：「下週挺忙的，我儘量安排時間。」這個約定有多大可能會被履行呢？

　　第三個場景，如果你說：「本週六或週日，你有空嗎？咱們要不要聚一聚？」對方可能說：「好的，我週六有空，上午 10 點在老地方見。」這個約定就基本可以被履行。

　　第三個場景和前兩個的區別在於它清晰且具體，有明確的時間、地點，雙方達成了共識，而且行動的願望也很強烈，**這個約定本身就變成**

了雙方的「行動計畫」。

　　擬定詳細的行動計畫，是問題解決過程中輸出成果的一步。再好的方案，即使大家在聊的過程中已經達成了共識，並且都有改變的願望，但如果沒能落實到行動計畫上，過幾天就被忘了。

　　我在每一次的問題解決過程中，不論是一對一地幫助他人解決問題，還是在課堂上引導大家相互解決問題，最終的成果一定是一系列的行動計畫，而且是由當事人自己列出的真心想去落實的計畫。當他們帶著計畫高興地離開時，我堅定地認為「他們的問題一定能夠解決」。

　　行動計畫看起來像任務清單，但它不僅是任務，更是希望，是達成目標的通路。有的人說自己經常制訂行動計畫，但就是執行不下去，比如：

- 對下屬多些鼓勵；
- 多看到對方的優點；
- 多和主管溝通；
- 多花時間陪陪家人；
- 少嘮叨孩子；
- 多做點兒家務。

　　實際上，無論是誰，面對這樣的計畫都很難實施，**因為這並不是真正意義上的行動計畫。**

　　一對夫妻的關係非常緊張，一年來因為孩子的問題衝突不斷。當我和他們分別確認了目標後，發現他們都把「恢復親密關係」作為第一位的目標。但非常可惜的是，他們目前的行動卻與自己的目標背道而馳。

　　為了達成目標，自己能做些什麼？丈夫列出的第一個行動是「儘量多聆聽妻子的想法」。我問：「怎樣做才是多聆聽呢？」他說：「平時

妻子一開口他就覺得煩，讓妻子閉嘴，以後儘量聽著。」

在了解到有效行動計畫的原則後，丈夫把自己的行動計畫改為「每週與妻子交流 2 次，每次不少於 30 分鐘。」我問他的妻子，如果丈夫做到了，對夫妻關係的改善是否有幫助。妻子點了點頭，靦腆地笑了笑。

妻子行動計畫的第一條為「以後少嘮叨丈夫」。最後她改為「不再隨時隨地嘮叨，把想法攢起來，每週集中回饋 2 次，並與丈夫約定溝通的時間」。

當夫妻二人發現他們在這一點上步調竟如此一致時，激動地握了握手。丈夫說，這是他們一個月以來的第一次肢體接觸。

實際上，有效行動計畫需要包含以下方面，即「5W2H」。

- What：我們要落實的是什麼行動？
- Why：我們為什麼要落實這個行動？
- How：我們應該使用什麼方法來落實？
- How much：我們計畫用多少資源來落實？
- When：我們需要什麼時候落實？
- Who：這項行動由誰負責落實？

同時，有效行動計畫還要符合我們在設定目標時用到的 SMART 原則（見第 6 章）。

- 具體（Specific）
- 可量化（Measurable）
- 符合現實（Attainable）
- 與「人生大目標」相關（Relevant）
- 有時限性（Time-bound）

　　落實行動計畫的關鍵在於弄清「誰」去執行，也就是弄清「責任人」。一個重要原則是，責任人一定是在現場參與討論的人，並且是承諾要對這個行動負責的人。

　　每項行動都不能強加於人，一定是自己確定的或者自願「領取」的，**一定是「我要做的」，而不是「要我做的」。**

　　如果某個行動需要不在場的人去落實，就需要再增加一項行動：參與討論的人與不在場的人進行溝通，得到對方的認可後，行動計畫才能生效。

　　在擬定行動計畫的過程中，你可以像下面這樣問自己、他人或團隊。

- 我們為什麼要落實這個行動？
- 我們行動的第一步是什麼？
- 我們還可以做點兒什麼？
- 由誰來落實？
- 什麼時候落實？
- 在什麼地方落實？
- 需要得到誰的支持？
- 落實這個行動有什麼困難嗎？
- 我們是真心想去落實這些行動嗎？
- 我們有信心完成這樣的計畫嗎？

　　現在你要做的，就是把剛剛找到的解決方案，落實到行動計畫中。通過前幾章對「問題之王」一步一步、腳踏實地地分析，你的行動計畫將是一個系統湧現的結果。作為問題管理者，你會驚喜地發現──對於「問題之王」，你大有可為。

需要注意的是，**凡是需要落實的行動，無論多小，看起來多麼微不足道，你都要把它列在表格中，不能靠記憶，也不要通過口頭傳遞。**

如果你在填寫行動計畫的過程中有疑惑，可以參考下面 2 個真實案例，它們都是學員在 KSME 問題解決課堂上列出的行動計畫。

Z 先生為解決經常加班的問題，列出了這樣的行動計畫。

行動	責任人	擬定完成時間	是否完成
1. 梳理現有流程規範，減少工作重做	本人	5 月 27 日	
2. 下載項目管理工具軟體，並學會使用	本人	5 月 28 日	
3. 建立素材庫，供今後在工作中隨時調用	本人	5 月 27 日	

行動	責任人	擬定 完成時間	是否 完成
4. 把手機放到抽屜裡，不再時刻查看，每天 10:00、12:00、15:00 統一回覆消息	本人	每天	
5. 列出詳細工作清單，每天下班前列出明日重要工作清單，並黏貼在電腦螢幕上	本人	每天	
6. 將「現狀 – 目標差距圖」貼在辦公桌上	本人	5 月 28 日	
7. 提交培訓申請，培訓內容為快速培養新入職員工、實現高效溝通	本人＋ 培訓部經理	6 月 3 日	
8. 每週為下屬安排 1 次集中的工作問題解答活動	本人＋下屬	6 月 3 日起	
9. 每季度與每位下屬深度溝通 1 次	本人＋下屬	6 月 11 日起	
10. 與主管約時間，就行動計畫與主管溝通，得到主管的支持與配合	本人＋主管	6 月 1 日	
11. 寫報告，向公司申請進行流程創新，精簡煩瑣流程	本人	7～8 月	
		總結回顧日期 8 月 31 日	

　　一個家庭為了解決孩子成績下滑的問題，列出了下面的行動計畫。需要注意的是，每個人的行動計畫都是由本人擬定的，包括孩子。

行動	責任人	擬定 完成時間	是否 完成
1. 只檢查老師要求檢查的科目	媽媽	每天	
2. 一天內嘮叨孩子少於 2 句	媽媽	每天	
3. 孩子的房間，交給孩子自己管理	媽媽	每天	
4. 把孩子的書桌從客廳搬到孩子的臥室，讓孩子獨立學習	爸爸	3 天內（10 月 2 日前）	
5. 定期與孩子溝通，每週 1 次，每次 15 分鐘	爸爸	10 月 1 日起	
6. 每 2 週回一次家，每次待 3 天	爸爸	10 月 1 日起	
7. 列出學習方面的待辦事項（包括預習、複習）	孩子	每週週末	
8. 收拾書桌，優化學習環境	孩子	9 月 30 日	
9. 每天玩手機的時間少於 0.5 小時	孩子	每天	
		總結回顧日期 10 月 31 日	

　　為了推動行動計畫的落實，你可以把行動計畫張貼在明顯的地方。無論日常的工作多麼忙碌，都請你在每天清晨開工前花一分鐘看看它，想一想：今天我願意為了實現目標做點兒什麼？

3. 執行起來有什麼困難嗎？

　　恭喜你列出了解決「問題之王」的行動計畫，這真是巨大的收穫！接下來你要做的就是讓行動計畫實行了。

有些人儘管列出了令人興奮的行動計畫，但很容易在剛開始時鬥志昂揚，過幾天就熱情減退，再過幾天就不想做了。

作為問題管理者，要想確保問題得到解決，不僅需要實施行動計畫，還需要對行動的過程進行有效管理，跟蹤問題解決的效果直至達成目標。

⏱ PDCA 循環：讓行動計畫更具彈性、更有保障

在對行動計畫進行管理時，一個實用的工具—— PDCA 循環將助你一臂之力。PDCA 循環是沃爾特・休哈特（Walter Shewhart）首先提出的品質管制工具，共分為 4 個階段—— Plan（計畫）、Do（執行）、Check（檢查）和 Act（處理）。

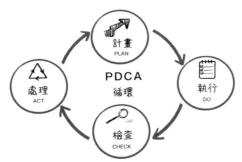

P（Plan，計畫），是你已經擬定的行動計畫；D（Do，執行），是執行行動計畫時的動作。很多人認為完成這兩步就夠了，問題理應得到解決。但如果此時停下來，就意味著後續的兩個關鍵步驟被執行者忽略了，而它們決定著問題解決的最終效果。

C（Check，檢查），是總結計畫執行的結果，檢查執行是否到位，問題是否被解決或者部分被解決。

你可以每晚檢查一下自己的行動計畫的執行情況，在已執行的項目

上打「✓」或畫上特別的標誌。檢查的目的不僅在於督促自己，更在於激勵自己。發現自己離目標又近了一點兒，任何一個小行動的成功落實都值得慶祝！

特別要提醒的是，**你需要檢查的是「自己」的行動計畫的執行情況，而不是每天檢查、催促「他人」，否則容易給他人造成干擾。**

如果你在陪伴他人解決問題，也請你溫和地提醒他人「自己檢查」。無論對待下屬、伴侶還是孩子，都請你不要過度干涉他們的過程管理，而是「相信而敢於託付」。

另外，對於你的行動計畫，你需要每週或者每兩週進行一次大檢查，回顧一下這段時間的計畫執行情況：當你發現有的行動完成了，請用「棒呆了詞彙卡」中的詞語好好讚美一下自己！

如果你發現有些計畫沒有按期完成，請不要自我否定或內疚，你可能是遇到了一些困難，或許需要調整計畫本身。作為問題管理者，你一定可以把問題變成機會。

PDCA 的最後一步是 A（Act，處理），也就是採取行動、管理剛剛回顧的結果。如果你在上一環節驚喜地發現目標已經達成，恭喜你，問題解決過程全面結束！你可以進行總結並組織一個慶祝活動。這真的值得好好慶祝一下！

假如你發現問題還沒有徹底解決，別著急，你可以問自己以下問題。

・哪些已落實的行動對解決問題發揮了積極作用？

・要怎樣慶祝自己已經取得的成績？

・哪些行動對問題的解決具有長期的影響？

・哪些行動執行起來挑戰很大？

‧要不要對現有行動計畫進行優化？

如果目前的行動計畫不需要優化，你可以繼續執行下去，重複 PDCA 循環；如果你發現需要對行動計畫進行優化，你可以為下一階段擬定升級版行動計畫，繼續進入下一輪 PDCA 循環。

可見，相對複雜的問題不是僅用一次 PDCA 循環就能解決的，而是需要我們周而復始地運行該循環。一個循環結束了，一部分問題解決了，可能還有一些問題沒有解決，那就需要進入下一個 PDCA 循環。

也許你有了新的擔憂：解決問題還需要經歷這麼複雜的過程？但請你相信，PDCA 循環不是停留在一個水準上的循環──每一個循環都上了一個台階，都離目標越來越近，都將一步一步推進問題的最終解決。

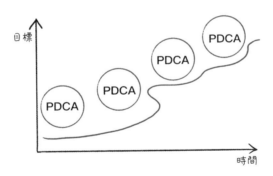

不僅如此，你個人解決問題的能力也將像上圖一樣，在一個又一個循環中反覆運算升級。

😊 你的行動在「目標回歸線」上嗎？

網路上經常提到：「時間都去哪兒了？」許多人都在感歎時間飛逝，惋惜無法逆轉的衰老，埋怨時間的無情。

　　唯有一種人不同，他們認為時間是自己的朋友，是他們安放願望的地方──這種人就是心懷目標的人。

　　作為問題管理者，當你有了目標，時間就有了歸處。當其他人想的是自己皺紋深了，白髮也多了，感慨歲月蹉跎時，你想的是自己在這段時間達成了多麼棒的目標，實現了怎樣美妙的心願，增加了多少有趣的體驗，定格了多少美好的瞬間。雖然年齡增加了，但你的智慧和經驗都在增長，你腦海中的願景也一一變為現實──**你把時間用得超值！**

　　下面這張圖，我把它定義為「目標回歸線」：中間的線條可以看作你的目標，每一個紅點都代表著你的一個行動。距離這條線近的紅點，就是與目標一致的行動，推動著問題的解決；距離這條線較遠的紅點，就是偏離了目標的行動。

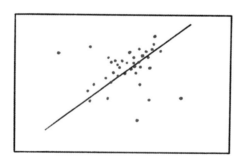

　　如果一個人的目標是身體健康，那麼熬夜、久坐、吸菸、大量飲酒、暴飲暴食等，都是偏離目標很遠的行動；假如一個人的目標是提升團隊凝聚力，那麼跟著同事一起抱怨、對同事冷嘲熱諷、開不合時宜的玩笑等，都是遠離目標的行為。

　　你的目標是什麼呢？你的行動是否與它一致？

　　無論你為自己設定了怎樣的目標，目的都是讓自己越來越好、讓他人越來越好、讓關係越來越好，或者讓事情本身越來越好。

　　而一旦把目標變成行動，這些行動本身就會成為我們工作、生活中的「日常」。

　　為了實現身體健康的目標，我們重複著吃飯、睡覺、鍛鍊的日常活動；為了實現成長的目標，孩子進行著上學、聽課、接觸社會的日常活動。經過一段時間的積累，我們的身體越來越健康，孩子們也漸漸成熟。

　　無論你從事什麼職業、在什麼職位，你一定都積累了很多知識、能力、資源。但想想看，這些都不是在一天之內積累而成的，而是經歷了一定的過程；當然，要讓接下來的生活更美好，需要經歷下一個積累的過程，也就是目標管理與行動計畫管理的過程。

圍繞目標，你計畫如何「投資」自己的時間與精力呢？

　　很多人說自己的時間不夠用，行動計畫也因為「時間不夠用」而執行不下去。如果你遇到了類似的情況，不妨嘗試下面的方法：**每隔一個月選取一天，紀錄你在這一天中有哪些行為，能回歸到哪一個目標上。**

　　利用價值羅盤（見第 3 章），你為自己設定了一些重要目標，如身體健康、事業發展、家庭幸福、學習某項技能等。在下面的表格中，你可以這樣填寫，如：7:00~7:30，我享用了營養豐富的早餐，回歸到了「身體健康」的目標上；9:00 開工時，我列出了任務清單，回歸到了「提高效率」的目標上；20:00~20:30，我與家人談心，回歸到了「家庭幸福」的目標上。

我的時間去了哪裡（＿＿ 年 ＿＿ 月 ＿＿ 日）

時間	行為	目標	分類
5:00—5:30			
5:30—6:00			
6:00—6:30			
6:30—7:00			
7:00—7:30			
7:30—8:00			
8:00—8:30			
8:30—9:00			
9:00—9:30			
9:30—10:00			
10:00—10:30			
10:30—11:00			
11:00—11:30			
11:30—12:00			
12:00—12:30			
12:30—13:00			
13:00—13:30			
13:30—14:00			
14:00—14:30			
14:30—15:00			
15:00—15:30			
15:30—16:00			
16:00—16:30			

時間	行為	目標	分類
16:30—17:00			
17:00—17:30			
17:30—18:00			
18:00—18:30			
18:30—19:00			
19:00—19:30			
19:30—20:00			
20:00—20:30			
20:30—21:00			
21:00—21:30			
21:30—22:00			
22:00—22:30			
……			

　　完成紀錄後，你可以在表格的最右列對這些行為進行分類，如將其分為工作、學習、溝通、娛樂、休閒、用餐、鍛鍊、家庭時光等。

　　從「分類」中，你可以直觀地看到自己的時間花在了哪些方面。如果你發現自己的時間安排失衡，可以結合價值羅盤，優化自己的時間安排。

　　特別提醒一下，**健康和家庭對每個人來說都有長期且關鍵的影響，但非常容易被忽略。**因此請你務必為它們在每天的時間安排裡保留一席之地。

　　當完成這張表格後，你會發現無論是過去、現在還是未來，都沒有

白走的路，每一步都算數。

　　你的每一個日常行為，都能對應一個宏偉的目標；許多看似微不足道的行動，都是一種「戰略性行為」，正把你帶向你想去的地方。

　　因此在落實行動計畫的過程中，你不妨這樣問自己。

・我今天要為實現目標做點什麼？

・我今天為實現目標做了什麼？

・我是否發現自己的執行力提升了？

・我是否發現自己的影響力提升了？

・我是否更欣賞自己了？

・我是否感到自己得到了越來越多的信任？

・我是否意識到自己已成為真正的問題管理者？

　　至此，你已經了解了擬定、落實、管理行動計畫的全部內容。對於你的行動計畫，你準備好掌控它了嗎？

第 9 章

帶上新地圖，
是時候出發了！

至此，你已經明晰了解決問題的思維、理念、方法、工具等內容。
我們希望通過「問題之王」的解決，幫助你創建屬於自己的問題解
決地圖。以後每當遇到問題，你都可以調用相應的資源，淡定從容
地面對問題、解決問題，在任何情況下都做主宰問題的人，而不被
問題所主宰，成為一名真正的問題管理者。

1. 除了解決問題， 你還掌握了其他東西

　　這本書，你已經快要讀完了，我很榮幸有機會一直陪伴你。

　　回顧本書的內容，你注意到它的邏輯結構了嗎？從第 3 章開始，你以「問題之王」的解決過程為線索，一步一步走完了解決問題的全程。同時，解決問題的每一步都融入了你所需要的知識、能力、方法和理念，讓你可以一邊思考、一邊實踐。

　　接下來，我們就一起回顧一下，你在閱讀本書時收穫的實用工具與「邏輯之外的力量」吧！

☺ 解決問題的利器：KSME 問題解決七步法

　　一個具體問題所包含的資訊往往是離散的，因此在問題面前，我們會反覆琢磨到底發生了什麼，誰與問題有關，他們説了什麼、做了什麼、令當事人感受到了什麼，當事人希望如何，環境條件如何……

　　實際上，人們平日裡的這些思考極具價值。很多情況下，解決問題的答案就藏在這些看似無序的資訊裡。但是如果我們僅有這些資訊，卻缺乏從中提取有效內容進行重構的方法，這些資訊就仍是孤立而零散的，無法支撐問題的解決。

　　因此，我們需要一個能將資訊有效結構化的思維框架。你在解決「問題之王」時用到的方法被命名為「KSME 問題解決七步法」，它就像一張提綱挈領的網，能夠對龐雜的資訊進行歸納、分類、細化、量化，把我

們平時習慣使用的描述性表達轉變為精密性表達，並將關鍵資訊有序地組織起來，系統湧現出解決方案與行動計畫。

通過對前文的閱讀，你已經在不同的章節裡詳細了解並實踐了 KSME 問題解決七步法，請允許我在此對它進行一個系統的介紹。

第一步（對應本書的第 3 章）：確定問題。作為問題管理者，你通過問題清單梳理出了當前面臨的所有問題，通過價值羅盤和緊急重要模型的匹配找到了「問題之王」，也了解了兩難問題的管理思路。

第二步（對應本書的第 4 章）：梳理關係人。在人際生態圖與關係人圖的協助下，你成功組建了自己的問題解決專案團隊，發現了「關係決定結構，結構決定功能」。同時，你還明確了自己的雙重身分──重要關係人與問題管理者。

第三步（對應本書的第 5 章）：明確現狀。在描述問題時，你區分了觀點和事實，撕掉了因高度概括而產生的負面標籤，並將現狀橫向展開、進行量化，從自己的影響圈出發，讓核心子問題浮出了水面。

第四步（對應本書第 6 章的前兩節）：明確目標。你成功找到了藏在「問題之王」背後的目標，並設定了符合 SMART 原則的有效目標，同時也了解了自己對實現目標的願望強度。

第五步（對應本書第 6 章的最後一節）：明確差距與代價。你計算出了現狀和目標間的差距，量化了差距得不到彌補而產生的代價，為自己提供了達成目標的重要「推力」。

第六步（對應本書的第 7 章）：制定解決方案。你掌握了 P ＝ p － i 的績效公式，開始從 K（知識）、S（技能）、M（動機）、E（環境）4 個方面為實現目標排除干擾，用頭腦風暴和 6 頂思考帽工具，制定出了

綜合且有創意的解決方案。

　　第七步（對應本書的第 8 章）：擬定行動計畫。你根據解決方案，列出了可落實的行動計畫，並對行動計畫進行了 PDCA 過程管理，確保問題能夠得到有效解決。

　　以上 7 個步驟可以劃分為 A、B、C，3 個階段。

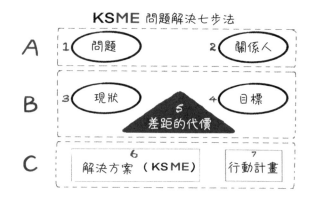

　　A 階段，即第一、第二步，是「確定問題」階段，也是解決問題的開始，它的功能是確保後面的工作更加聚焦、有的放矢、不偏離方向。

　　B 階段，即第三至五步，是「分析問題」階段。一旦我們忽視這個階段，就會從問題直接到答案，進入草率行動的誤區。

　　C 階段，即第六、第七步，是「解決問題」階段，需要我們制定解決方案以排除干擾，擬定行動計畫以達成目標。

　　3 個階段缺一不可，看似「解決問題」階段最重要，其實「確定問題」和「分析問題」階段更為關鍵。當問題被明確定義、被分析得足夠透澈時，解決方案也就隨之產生了。

邏輯之外的力量：7 個思維、7 個理念、4 種能力

在本書的尾聲，我想再次「溫馨提示」你的是，解決問題絕不僅是方法、技巧的運用──更是一場對心智的考驗──包括對我們所秉持的思維、視角，我們所具備的勇氣、信心和能力的綜合考驗。

因此除了 KSME 問題解決七步法外，我們也將解決問題所需的 7 個思維轉換、7 個核心理念、4 種核心能力融入了本書的內容中，旨在幫助你掌握「邏輯之外的力量」。

7 個思維轉換分別如下所示。

1. 從緊急到重要

問題管理者需要遵循「要事優先」的原則，不被緊急問題牽制，轉而關注重要問題──特別是重要不緊急問題，同時對不重要的問題儘量放手，有所為有所不為。詳細內容見第 3 章。

2. 從要素到關係

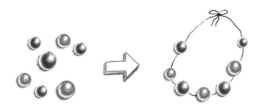

　　從高度關注個人的表現，到關注人與人之間的連接。系統中人與人互為環境，關係決定結構，結構決定功能。推動問題解決的往往不是權威，而是良好的關係，因此「敬畏關係」是問題管理者需要堅持的重要原則之一。詳細內容見第 4 章。

3. 從觀點到事實

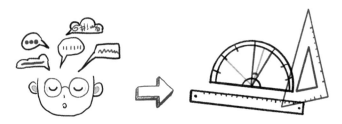

　　不是基於觀點形容問題，而是基於事實分析問題。觀點往往是高度概括而來的，因人而異，因此許多衝突和爭執都發生在觀點層面；當回歸事實時，人們更能理性思考、客觀分析，進入解決問題的最佳狀態。詳細內容見第 5 章。

4. 從問題到目標

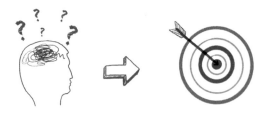

　　從問題思維到目標思維這一轉換是解決問題的轉機所在。問題思維關注的是過去和「不想要的」，看似在解決問題，實則在討論問題，還容易產生指責、抱怨、內疚、悔恨等新問題；目標思維關注的是未來和「想要的」，只有把問題思維轉換為目標思維，我們才能真正將問題變成機

會。詳細內容見第 6 章。

5. 從原因到方案

　　從追究原因到聚焦方案，讓解決問題變得愉快且高效。追究原因容易使關係人一邊解決問題，一邊擔心承擔責任，不經意間就把目標從「解決問題」變成了想方設法「證明自己沒錯」。但在聚焦方案時，人們會在安全的氛圍中聚焦目標，更容易排除干擾、達成共識。不用擔心，當直奔目標時，所有的原因都以「干擾」的形式重新出現了，只是不再針對個人。詳細內容見第 7 章。

6. 從對立到共識

　　受個人角色、經歷、視角、價值觀等因素的影響，每個人的思維都有局限性。如果我們能在同一時刻從同一角度思考，並依次站在每一個角度，一起碰撞出「我們的方案」——它很可能是超出每個人想像的、一個非集體智慧所不能達的、真正有價值的方案。詳細內容見第 7 章。

7. 從裁判到夥伴

　　在棘手的問題面前，不做「裁判」去評判對錯，輕易給評價、急於下結論，而是成為彼此的「夥伴」，溫柔且耐心地陪伴自己／他人解決問題。你想解決的問題一定與你有關，所以你需要把自己畫進關係人圖中，躬身入局，共建問題解決專案團隊。這一思維轉換體現在全書的各個章節。

　　7 個 KSME 核心理念也貫穿全書，你幾乎在每一章都可以看到它們，解決問題的每一個動作也都與它們密切相關。

- 人人皆有所長。
- 人人都渴望成長。
- 人人都會為自己做出最好的選擇。
- 不做裁判做夥伴。
- 問題就是機會。
- 方向永遠優於速度。
- 改變自己，影響他人。

　　KSME 體系中還包括欣賞、信任、聆聽、改變 4 種核心能力。從表面上看這 4 個詞我們再熟悉不過了，**但它們每一項都是稀缺的能力，都是值得敬畏的能力，都是因愛而生的能力。**如果我們能真心欣賞自己和他人、敢於相信和託付、投入地聆聽彼此的心聲，並決定首先改變自己，許多問題都會自動解決。

　　以上提到的 KSME 問題解決七步法、7 個思維轉換、7 個核心理念、4 種核心能力彼此貫通。KSME 作為一個解決問題的行知體系，使我們從身分層面向下貫穿，需要我們先確定「問題管理者」的身分，再把握解決問題所需的理念、思維、能力，從而在保持 KSME 狀態的前提下，組建問題解決專案團隊，利用問題解決七步法解決具體問題。

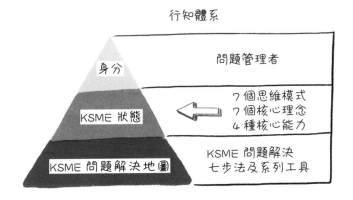

行知體系

　　需要注意的是，可感知的 KSME 狀態是連接問題管理者和問題解決地圖的關鍵所在。只有轉換了思維，堅守了理念，內化了欣賞、信任、聆聽、改變的能力，保持了理性、平和的狀態，我們才能使改變真正發生。

　　現在，讓我為你把這張問題解決地圖完整地展開。

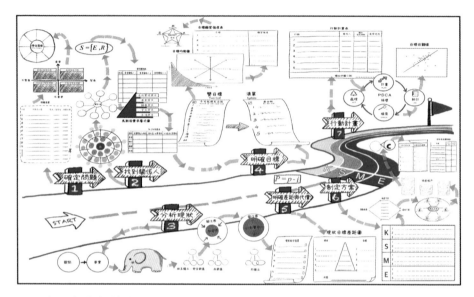

（更大畫幅地圖，見 304 頁。）

　　事實上，僅靠這張地圖無法解決問題。如果沒有主人，它只是工具和技巧的堆砌——**只有在問題管理者的手中，這張地圖才能發揮它應有的作用。**

　　如果你感到這張地圖比較複雜，請別有壓力。我們一路同行到現在，相信你在閱讀、思考和實踐中有了自己的體會，你完全有能力檢驗、修改並完善它。如果你願意在此基礎上畫出你的專屬地圖，我們將無比期待你的分享！

2. 經典案例：棘手問題 原來可以這樣解決？

　　為了幫助你更好地迎接可能遇到的挑戰，本節為你完整呈現了 3 個真實問題的解決過程，並對一些常見問題進行了答疑，旨在幫助你了解如何將 KSME 的思維、理念、能力、工具等融會貫通地用於現實問題的解決。

個人成長篇：積極性難以調動？ 一個 8 歲小男孩如此解決作業寫得潦草的問題

　　小 Q 是一位小學二年級的男孩，學習成績在班裡屬中上等。小 Q 最大的問題是作業寫得非常潦草，經常被老師要求重寫。這給小 Q 增添了很多負擔，造成他對學習的興趣下降。爸爸媽媽一直在幫助孩子，他們先後採用了 3 個辦法。

　　第一個辦法：嘮叨和指責。每當發現小 Q 的作業寫得太潦草，他們總是會對小 Q 說教一番，幾乎每天都要嘮叨、批評和指責小 Q。

　　第二個辦法：陪寫作業。小 Q 寫作業的時候，他們就坐在小 Q 旁邊，小 Q 寫得不好就立刻指出來，讓他重寫。他們在陪小 Q 寫作業時，經常控制不住情緒對小 Q 發火。

　　第三個辦法：給孩子報書法班。奇怪的是，小 Q 在書法班上寫得挺工整，但寫作業時還是照樣寫得十分潦草，沒有任何改善。

　　一個週末，小 Q 媽媽帶著小 Q 在一家咖啡店與我見面。在正式開始

之前，我注意到一個細節：小 Q 媽媽幫我點了一杯水果茶，又問小 Q 想喝點兒什麼。

小 Q 說想喝咖啡，媽媽說不行，小孩子不能喝咖啡，喝咖啡對身體不好。小 Q 說，那來杯珍珠奶茶吧。媽媽又說喝珍珠奶茶不健康，讓小 Q 和我一樣，要一杯水果茶。兩次被否定後，小 Q 顯得很不高興。（分析：媽媽沒有給孩子自主選擇的權利，在這裡，喝飲料不是為了解渴或保持健康，而是為了營造解決問題的氛圍，即「先善待情緒，再解決問題」。）

我：「還是讓孩子自己選擇吧。」徵得同意後，小 Q 點了一杯自己喜愛的飲料。

媽媽說小 Q 愛畫畫，還帶上了畫本。我坐到小 Q 身邊，問他是否可以給我看看。小 Q 有點兒難為情，但還是從書包裡掏出畫本給我看。

我接過來仔細地翻看，稱讚其中一隻蝴蝶畫得很美，色彩鮮豔、線條流暢，就像真的一樣，簡直要飛起來了！我邊說邊感歎。很明顯，小 Q 被我的真心欣賞感染了，很高興地與我分享畫畫的過程。（分析：話題從孩子的興趣開始，這樣的話題更安全，容易建立親和感。）

這瞬間拉近了我和小 Q 的距離，我也得到了小 Q 的好感和信任。（分析：良好的關係是解決問題的基礎。）

聽完他的講述，我讚美他多才多藝，還有好多朋友，真令人羨慕。他情緒突然低落下來，說自己因為字寫得不好，天天被老師批評。（分析：孩子提出問題，說明孩子有主動解決問題的願望，比旁人直接指出他的問題效果更好。）

我請他把作業本拿給我看看。語文作業本上，幾乎每頁都有老師用紅筆批改的「重抄」兩個字，這兩個字寫得很大。

我問他覺得自己寫得怎麼樣，他不耐煩地說：「不怎麼樣。」（分析：此處我沒有對他的字給出「好」或「不好」的評價，而是讓小 Q 自己來判斷。）

我請他從一頁作業中找出一個寫得最好的字，並分析這個字好在哪裡。（分析：不是找哪個字寫得「不好」，而是找哪個字寫得「好」。）

我本來想帶小 Q 多找幾個好看的字，但確實找不出來，因為其他的字都寫得歪歪扭扭。

於是我調整策略，帶他看哪些字的某個筆劃寫得好，並用紅色的筆圈起來。我們花了兩分鐘，竟然找出了 50 個好看的筆劃，一頁紙上畫出了 50 個紅圈。（分析：不只用語言，更用行動表示對孩子的欣賞，給孩子增加信心，讓孩子看到自己有基本功。）

他看到自己居然有這麼多筆劃寫得好，還得到了讚美，於是非常開心。我告訴小 Q，有這麼多筆劃寫得好，說明你寫字的基本功很好。我問他可不可以每頁多寫幾個漂亮的字，他低著頭不說話。

我問他寫兩個可不可以。（分析：讓孩子自己確定目標，並且從小目標開始。）這時候小 Q 媽媽急了，她說：「兩個怎麼可以，太少了。」（分析：家長想把自己的目標強加給孩子）

我示意媽媽不要說話。小 Q 輕聲說：「可以多點兒。」**我說：「5 個可以嗎？」**小 Q 媽媽立即不停地拉我的衣服，我給她遞了個眼神，示意她不要說話。

小 Q 微微一笑，說：「還可以多點兒。」我趕緊說：「真棒！」小 Q 說：**「我每頁可以寫 20 個好看的字，而且從今晚就開始。」**（分析：孩子的目標比我對他的期望更高，目標實現後孩子會更有成就感；方向永遠優

於速度，目標不怕小，只要能改變現狀就是好目標。）

　　我問小 Q：**「寫 20 個會不會有些困難？」**小 Q 的回答很堅定，只有一句話，這句話讓我記憶猶新：「沒問題，我想寫好就能寫好。」（分析：由此可見動機的重要性。）

　　過了一會兒，小 Q 有點兒擔心地說：「把字寫好就會寫得慢，這會減少我和朋友一起打球的時間。」我表示理解，和他一起分析：「如果字寫不好，會被老師要求重寫，那麼重寫需要多長時間？」小 Q 說：「30 多分鐘。」我又問：「每頁寫好 20 個字，需要多用多長時間？」小 Q 想了想，說：「20 分鐘。」

　　這時小 Q 恍然大悟──這樣做，每天能省下來 10 多分鐘！他像是發現了「新大陸」一樣興奮。我問他省下來的時間想用來幹什麼，他說想多打球。

　　媽媽按捺不住了，提議讓小 Q 多做幾道題或練練琴。（分析：家長總想把自己的想法強加給孩子，這樣做會讓孩子失去改變的動機，此處需要激發小 Q 的動機。）

　　我發現了小 Q 表情的微妙變化，於是和媽媽商量，把省下來的時間交給孩子自己支配，小 Q 這才鬆了一口氣。

　　後來我請小 Q 自己列出具體的行動計畫，並約定每週對行動計畫進行總結、回顧。

　　第一條：爸爸要調整書桌的高度。

　　第二條：爸爸給小 Q 買一台護眼燈。

　　第三條：小 Q 自己每天紀錄寫得漂亮的字的數量。

　　第四條：小 Q 寫作業時，媽媽停止嘮叨。

第五條：每天寫完作業後，小 Q 把作業交給媽媽，由媽媽來表達可感知的欣賞。

第六條：小 Q 重新與小朋友約定打球的時間。

後來聽媽媽說，當天晚上小 Q 的作業寫得很認真。此後他的作業本上再沒出現過「重抄」，而是出現了「進步很大」！

😊 親子溝通篇：與高三「問題學生」家長的溝通紀錄

L 女士是一位老師，但對自己孩子小 T 的問題卻感到束手無策。小 T 是全校聞名的「問題學生」，正面臨著被開除的風險。下面是我與這位家長的對話內容。

L 女士：「您好，我家孩子已經進入大學考試倒計時階段，成績很不理想。您有什麼妙招嗎？」

我：「您好，請先把孩子的情況介紹一下吧。」

L 女士：「我兒子自控能力差，在學校總是犯小錯誤，比如穿錯校服、遲到、上課趴在桌子上……他屬於學校的『問題學生』，成績在年級倒數 100 名。孩子有心提高成績，但堅持不了幾天，狀態又變回來了。孩子很聰明，就是不往學習上使勁。看著他浪費青春，我很著急……您可否幫幫孩子？」（分析：家長一口氣講了很多，包含孩子的問題、對孩子的評價、孩子目前的情況、自己的心情等，在描述孩子的問題時，她說的大多是觀點，但解決問題需要基於事實拆分問題。從她的描述中，我們可以篩選出穿錯校服、遲到、上課趴在桌子上，成績在年級倒數 100 名；這些事實可見，孩子的主要問題是「違反紀律」和「成績差」。）

我：「孩子違反紀律和成績差這兩個問題，您想先解決哪一個？」（分

析：明確要解決的問題，找到「問題之王」。）

　　L 女士：「孩子都快被開除了，能不能畢業都是個問題。」

　　我：「別著急，說說發生了什麼。」

　　L 女士：「前天年級主任找我談話，說孩子因違反紀律已經被扣 1.8 分了，扣 2.4 分就要被開除了。都快急死我了，要是他真的被開除，可怎麼辦？我天天給他講道理，告訴他好好學習，不要違反學校紀律，他根本聽不進去。最不能讓人忍受的是，他根本沒好好反省，竟然還上街給自己買了一套衣服和一雙鞋，把我氣壞了！我把衣服和鞋子都扣下來了，打算等他成績進步再還給他。他犯了這麼大的錯誤，一點兒悔改的意思都沒有！」（分析：L 女士描述問題時情緒比較激動，陷在問題裡，糾結於為什麼孩子不聽話，擔心孩子被開除。）

　　我：「我理解您的心情，您給孩子選了好學校，自己工作那麼忙，每週開車幾十公里去看孩子，一切都為了孩子，您是很負責任的家長。」

　　L 女士：「我的付出不算什麼，只是不知道怎樣才能幫到孩子。」（分析：L 女士被聆聽和理解後，情緒穩定，開始思考如何幫助孩子解決問題，正所謂先善待情緒，再解決問題。）

　　我：「您了解孩子此時的困難嗎？您了解孩子的想法嗎？」

　　L 女士：「我覺得他什麼都不在乎，犯這麼大的錯誤，還有心思逛街買衣服。」

　　我：「即將被開除，**孩子會有怎樣的心情？您希望孩子怎樣反省呢？**有的孩子遇到挫折時會閉門不出或用消極的方式發洩情緒；但小 T 選擇出去走走，買點兒喜歡的東西，這是不是在給自己解壓，調整情緒？」

　　L 女士：「嗯，我還真沒想過，原來還能這麼想問題⋯⋯」

　　我：「**您對孩子的評價是事實嗎？**比如懶散、沒有上進心、不努力、沒有毅力等，這些都是觀點，説多了就給孩子貼上了標籤。您説得越多，標籤貼得越緊，慢慢地孩子也會認為自己是這樣的人，甚至破罐子破摔，變成標籤上的人。」

　　L 女士：「嗯⋯⋯有道理。」

　　我：「**您真心欣賞您的孩子嗎？**」

　　L 女士：「欣賞？！欣賞什麼？他哪裡做得好能讓我欣賞呢？」

　　我：「**您信任您的孩子嗎？信任您的孩子想變得更好，也能變得更好嗎？**」

　　L 女士：「我心裡真沒底。」

　　我：「**您愛您的孩子嗎？**」

　　L 女士：「當然愛。」

　　我：「**孩子能感受到您的愛嗎？**」

　　L 女士：「這説不準。」

　　我：「**您想改變孩子嗎？**」

　　L 女士：「想，可是他不聽我的。」

　　我：「**您想改變自己嗎？**」

　　L 女士：「我需要改變嗎？一切都是為了他好，我付出的太多了。」

　　我：「**對於這些問題，當您的回答都是肯定的時，孩子會改變的。**（分析：連續的提問引發了 L 女士的思考，激發了她的改變。家長在關注孩子的問題，陷在問題裡，即產生了「問題思維」。此處我並沒有過多關注孩子的問題，而是引導家長換位思考，理解孩子的處境、感受和困難。學習成績差、經常被批評的孩子往往是缺乏自信的，提升孩子的信心是

首要任務。KSME 強調改變自己、影響他人，所以這次溝通的目標是讓家長看到自己的 △ 並做出必要的改變。一般的案例中，為了孩子家長是願意做出改變的，這一點並不難。）

L 女士：「為了孩子我願意改變，但如何去改變呢？」

我：「從目前的情況看，孩子需要的不是批評和指責，更不需要懲罰。孩子最需要的是信心、目標感和學習動力。我們不要太關注孩子的問題，只需讓孩子把注意力從問題轉移到他的目標上。每個人都渴望成長，都想有好的表現，我們需要做的就是幫孩子排除干擾。」（分析：此處重點強調的是解決思路 K、S、M、E 中的 M 和 E。）

L 女士：「是的，小 T 他不是一個壞孩子，他也希望自己能變得更好。」

我：「經常被批評、被紀錄不好的表現等，會極大地打擊孩子的自尊心和自信心。一個不自信的孩子，是很難有改變的力量和勇氣的。要想改變孩子的情況，需要從改變環境做起，激發孩子的信心，而家長是孩子的重要環境。在激發孩子的信心方面，您認為自己可以做點兒什麼呢？」

L 女士：「他都沒有優點，怎麼能自信呢？」

我：「孩子學習成績是年級倒數，經常被批評，還能每天堅持上學，從來不曠課，是不是很有毅力，抗挫折能力很強？」

L 女士：「我從來沒這麼想過。」

我：「孩子還有什麼優點？」

L 女士：「我想想，『善良』算不算？」

我：「當然算，這是多麼珍貴的品質！還有呢？」

L 女士：「他還挺尊敬長輩的。」

我：「還有呢？」（分析：在引導詞「還有呢」的不斷啟發下，L 女士說出了孩子的 10 個優點，善良、誠實、勤奮、尊敬長輩、愛笑、樂於助人、團結同學、勤儉節約、愛好廣泛、溝通能力強。）

L 女士：「以前我從來沒想過我兒子有這麼多優點。」

我：「太好了！孩子確實很優秀。您表達過對孩子的欣賞嗎？」

L 女士：「還真沒有，看來我真的需要改變了。」

我：「真好。您的改變會帶來孩子的改變，您覺得您可以在哪些方面改變呢？」（分析：每次談話都需要進行總結，請 L 女士列出自己的行動計畫，而不是告訴她要怎樣做，L 女士的目標是幫助孩子建立自信，她很容易列出自己的行動計畫。）

L 女士：「我會真心鼓勵他，再仔細找找他的優點，給他信心。把衣服和鞋子還給他，告訴他這是和您聊天的結果。」

我：「太好了！其實愛孩子體現在各個方面：讓孩子感知到您的支持、鼓勵和無條件的愛，給孩子力量。任何情況下都不要否定孩子，都要看到孩子的優點，永遠保護孩子的自信心。當孩子遇到困難時，他需要的不是批評，而是改變的力量和勇氣。跟您溝通時，我能感受到您是很有力量的人，您一定能夠幫助孩子度過這個難關。」（分析：最後給 L 女士信心和力量，這一點很重要，在溝通快結束時不要顯得太過倉促，要給對方留下美好的感受。）

L 女士：「謝謝您，和您溝通很開心。您願意與孩子溝通溝通嗎？」

我：「好的，我找時間與孩子聊聊。不過請先徵求一下小 T 的意見，問問他是否同意。」

L 女士：「他肯定會同意的，有了歸還衣服和鞋子的鋪墊，他會好奇

是什麼人能讓他媽媽做出這樣的改變。」

我：「這麼自信？您把我和孩子用衣服和鞋子連接起來了，高！」

L 女士：「我要真切地改變自己，才能讓他相信您。」

我：「相信您一定能做到，期待你們的好消息。」

後來，改變真的發生了。當天 L 女士就把衣服和鞋子還給了小 T。小 T 感到非常奇怪，因為依照媽媽的性格，被扣下來的東西是不可能輕易還給他的。媽媽怎麼突然改變了？小 T 得知原因後，主動提出要跟我聊聊。

其實小 T 就是前文提到的想在高中畢業後開撞球室的孩子。他在高三一年一直與我保持聯繫，我們就後續出現的成績問題、同學關係問題、頭髮長短問題、考前焦慮問題進行了十餘次溝通，我主要是幫助他排除 M 和 E 方面的干擾。不到一年，小 T 的成績提升了 156 分，他成了學校的「進步之星」，考上了自己理想的大學。

績效管理篇：令他失眠 3 個月的績效問題是如何解決的？

在一次面向企業的 KSME 問題解決課堂上，我提前 1 小時到了會場，發現 H 經理在座位上靜靜地翻看教材。他看到我走進來，好奇地問：「老師，這門課能解決我的問題嗎？我的問題好像無解。為了這個問題，我失眠 3 個月了。」原來令他睡不著覺的問題，是下屬 M「糟糕的工作表現」。M 擔任專案助理已經半年，但做的報表經常出錯，好幾次被 K 部門投訴，給本部門帶來了不好的影響。H 經理多次找 M 談話，但 M 的表現不僅沒有任何改善，他和 M 的關係也越來越差，幾乎無法溝通，M 甚至有了離職的想法。

我說：「請你帶著這個問題聽課，看看你的問題是否能得到解決。」

當我講到情緒問題、關係問題、實際問題三者的關係並請大家互動

時，H 經理主動發言：「我以前一收到投訴就生氣，第一時間找 M 談話，對他一通批評和指責，越說越生氣，不僅沒解決問題，還破壞了關係。現在想想，我確實忽視了 M 的感受，也忽視了關係本身對工作的影響。」

在欣賞互動環節，H 經理也發表了感慨：「我幾乎從來沒讚美過任何人，連我的孩子都沒讚美過。我過去認為做得好是理所當然的，做得差是不應該的。我突然覺得之前對 M 的批評太多、太狠了，估計他被打擊得有些不自信了。在問題面前，人們需要的並不是批評和指責，而是可感知的欣賞。」

當我講到聆聽時，全部學員的目光投向了這位經理，似乎很期待他繼續分享。H 經理說：「我在公司 20 多年來參加了大大小小、不計其數的培訓，幾乎沒有回答過問題。但今天我成了全班回答問題最多的人，是因為課堂氛圍感染了我──無論是誰發言，大家都認真聆聽、彼此欣賞，讓我感知到了一種互相尊重的文化。」

當我分享完 KSME 問題解決七步法後，H 經理高興地說：「太好了！我的問題有解了！」兩天後 H 經理發來消息，告訴我他和 M 一起進行了一次高效且愉快的溝通，找到了解決問題的方案和行動計畫。

首先，H 經理調整了自己的情緒狀態，營造了安全的談話氛圍，並提供給了 M 可感知的欣賞，聆聽了 M 的想法並了解了他在工作中的困難。接下來兩個人一起按照 KSME 問題解決七步法，一步一步地開始解決問題。

第一步：確定問題。

把原來「工作表現很糟糕」的問題重新確定為「如何做出達標的報告」。

第二步：梳理關係人。

M 首先把自己放到了關係人圖中間的位置，決定對這個問題負責。

同時，H 經理把自己也畫了上去，主動承諾要為 M 提供盡可能多的支持。

作為專案助理，M 需要與 20 位專案經理聯繫，搜集專案報告，匯總後發給 K 部門的窗口，因此專案經理們和 K 部門的窗口也出現在圖中。L 是本部門的寫報告高手，也加入了圖中。在後續討論方案時，他們還把 K 部門經理補充進圖中……就這樣，H 經理與 M 找到了問題解決專案團隊的全部成員。

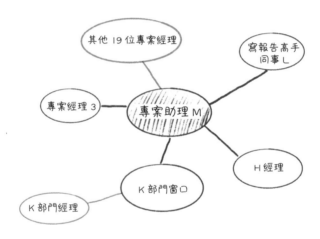

其中，重要關係人有 4 位。

　　同事 L──對 M 進行輔導的人。

　　H 經理──對 M 進行支持的人。

　　K 部門的窗口──經常投訴 M 的人。

　　專案經理 3──每月不能按時遞交報告，導致 M 做報告的時間被壓縮的人。

　　第三至五步：明確現狀、目標、差距與代價。H 經理與 M 畫出了下面的表格。

現狀	差距與代價 Δ	目標
報告資料準確率為 70%	差距：27% 代價：影響整體報告質量，影響個人能力提升和個人發展	10 月達到 97%
報告沒有任何資料分析，評分為 0 分（總分 10 分）	差距：8 分代價：影響整體報告質量，影響個人能力提升和個人發展	10 月輸出一份有資料分析報告，評分達到 8 分
K 部門每月投訴 1 次	差距：1 次代價：影響部門聲譽，影響跨部門協作，影響團隊氛圍和個人幸福感	10 月達到 0 次投訴

第六步：制定解決方案。

在共創方案的過程中，H 經理意識到他的注意力只放在內部管理上，他本人與 K 部門經理很少溝通，K 部門窗口經常投訴本部門，他作為部門經理如果能主動加強兩個部門的溝通，將為下屬打造一個更具支持性的工作環境，有利於問題的解決。於是他們圍繞 K、S、M、E 列出了下面的解決方案。

K	1. 主動了解報告的具體要求； 2. 主動學習資料分析方法。
S	1. 提升資料分析能力； 2. 提升報告撰寫能力； 3. 提升溝通能力。
M	1. 激發內在動力：成就感、報告的價值； 2. 提供外部激勵：尊重、欣賞、信任。
E	1. 加強 M 與專案經理 3 的溝通，及時得到報告； 2. 加強 M 與 K 部門窗口的溝通； 3. 加強 H 經理與 K 部門經理的溝通； 4. 對 M 進行全方位的支持與督導（建設性回饋）； 5. 改善部門氛圍，增強團隊協作和凝聚力。

第七步：擬定行動計畫。

序號	行動	責任人	擬定 完成時間	是否 完成
1	向 M 講解報告的具體要求和資料分析方法	H 經理	9 月 15 日	
2	連續一週，每天做一次小型資料分析，在實踐中提升數據分析能力	M	每天	
3	每週完成一篇報告，提升報告撰寫能力	M	每週一次	
4	針對報告品質進行及時回饋，正向關注，多提供可感知的信任與欣賞	H 經理	持續	
5	報名參加公司的線上溝通培訓課程	M	9 月 19 日	
6	與專案經理 3 就及時遞交報告問題進行溝通	M	9 月 22 日	
7	與 K 部門窗口溝通	M	9 月 20 日	
8	與 K 部門經理溝通	H 經理	9 月 16 日	
9	安排寫報告高手 L 對 M 進行夥伴式輔導	H 經理	9 月 17 日	
10	每季度安排一次部門團建活動	H 經理	9 月 24 日	

總結回顧時間 2020 年 9 月 25 日

僅僅 3 個月後，H 經理發現 M 不僅報告撰寫能力提升了，溝通能力、時間管理能力等也跟著提升了。後來，M 成功勝任了自己的新職位，也成了 H 經理最得力的助手之一。就這樣，他們一起把績效問題的解決變成了一次彼此成就的機會。

⏱ 10 個常見問題答疑：翻舊帳？不願溝通？難以知行合一？

❶ 所有問題都可以用 KSME 來解決嗎？

KSME 是一套專為企業績效管理（專案管理、人才培養、團隊建設、跨部門協作等）開發的問題解決體系，之後逐漸擴展到家庭建設（親密關係、親子關係、家庭溝通等）、教育（成績提升、性格培養等）及個人成長（能力提升、職業發展）問題的解決，不適用於法律、醫學等問題的解決。

需要特別說明的是，若遇到精神、心理問題，建議到專業機構尋求幫助，以針對身體情況得到最佳治療方案。

❷ 在問題解決過程中是否需要做紀錄？

建議對每一步都做紀錄，留下解決問題的痕跡。

做紀錄有助於我們每一時刻只聚焦於一步，比如在確定問題時只確定問題，在分析現狀時只分析現狀，按照解決問題的最短路徑理清思路，避免重複思考。同時，做紀錄能夠視覺化解決問題的全過程，便於日後複習。

❸ 一個完整的解決問題的過程，大約需要多長時間？

解決一般的問題需要 40 ～ 60 分鐘；對於複雜的問題，可以把解決問題的過程分為幾次，每次 1 ～ 2 小時，期間可以調研、搜集資料等。

不過，並不是所有問題都要嚴格走完 KSME 問題解決七步法的流程才能解決。對於一些比較簡單的問題，我們按大致思路予以善待即可。

❹ 明確目標後，為什麼要先得出 KSME 解決方案，而不直接列出行動計畫？

KSME 解決方案是行動的方向，對其進行細化就得到了行動計畫。如果跳過制定方案這一步，比如下屬績效不高，人們通常只想到要提升下屬的工作能力，卻容易忽略同事關係、上下級關係、團隊氛圍等對其的影響，或者忽略要激發其動機，這樣就會導致行動計畫碎片化。

解決方案相對大而全，但因為經過了頭腦風暴，可能會損失細節；行動計畫少而精，但容易損失全局觀和創新性。為了結合二者的優勢，更全面、系統地解決問題，我們需要先根據 K、S、M、E 這 4 個大的方面制定解決方案，然後再列出具體的行動計畫來落實方案。

❺ 為什麼解決方案是大家一起制定的，而行動計畫卻要由個人擬定？

為了讓問題解決過程富有創造性，找到最佳方案，我們需要調動每一個人的積極性共創「我們的方案」；但是，行動計畫最終要靠個人落實，為保證個人的執行力和行動意願（M），最好由當事人自己來確定行動內容與細節。

如果擬定行動計畫仍然延續共創的方法，也要確保當事人「我要做」而不是「要我做」，否則將導致分工不明確和責任感被削弱。

❻ 不追究原因也能解決問題？不知道錯在哪裡不就無法改進了嗎？

在問題面前追究是誰的錯、為什麼錯、錯在哪裡，往往是大家在解決問題時不歡而散的主要原因，這不僅會令當事人緊張、想逃避或自我保護，也無法真正解決問題。

「我們現在的任務不是糾正過去的錯誤，而是校正未來的道路。」原因是過去的，目標是未來的，因此當問題管理者不翻舊帳、直奔目標時，所有的原因都以解決方案中「干擾」的形式重新出現了。

也就是說，我們不是忽略原因，而是把「原因」轉化為了「干擾」，讓解決問題不再是揪錯、懲罰的過程，而是排除干擾、達成目標的過程。

在安全、友善的氛圍中，每個人都能意識到自己在哪些方面還需要提升，推動他們解決問題的不再是負荊請罪式的愧疚，而是來自目標的動力。當問題解決專案團隊團結一致，為實現目標而共創方案時，將制定出遠超「追究原因」時制定的方案。

❼ 如果表達了欣賞，對方會不會驕傲？

試想一下，如果有人對你表達了欣賞，你會變得很驕傲嗎？我想你感受到的可能是驚喜，而且你會更喜愛這位坦誠向你表達欣賞的人，更想要去維護、發展你們的這段關係。

你表達的欣賞會不斷強化對方良好的行為與品質，為其貼上「正面標籤」，對方也會努力做得更好，真正成為標籤上的人。

❽ 如果自己做得很好，但還是得不到他人的認可怎麼辦？

得不到他人的認可不一定是因為你做得不夠好，很可能是因為對方沒有表達欣賞的習慣。你可以通過多給對方提供可感知的欣賞，在小圈子（公司、家庭）裡營造欣賞的文化和氛圍，用你的行為感染他人。

不過需要明確的是，雖然被認可是我們所需要的，但把事情做好的目的並不是得到認可，而是實現價值本身。如果我們能夠獨立判斷自己的價值，不過度依賴外界的認同，將為自己拓展出更多的可能性與自由。

❾ 想幫助家人解決問題，但家人不想溝通怎麼辦？

　　實際上，誰也無法強行解決「別人的問題」，特別是在家庭裡。如果你想解決孩子、另一半的問題，但他們目前還沒有和你一起解決問題的意願，你需要調用環境的力量，特別是從關係入手──良好的關係是解決問題的基礎。

　　在具體做法上，你可以試著先提升自己的情緒管理能力、聆聽能力、問題解決能力，進而成為孩子信賴的父母、另一半信賴的伴侶，並通過欣賞幫助他們看到自己的優勢。「人人都渴望成長」，隨著你的影響力的不斷提升，對方會在你的陪伴下逐步發揮自己的潛能，與你達成共識──你的影響力超乎你的想像。

❿ 道理我都懂，就是無法知行合一怎麼辦？

　　從某種意義上來說，每個人都是「知行合一」的，正常人的每一個行動都受大腦的支配，我們的行為完美詮釋了我們的思想。如果有人說：「道理我都懂，就是做不到。」那麼這裡的「懂」往往還停留於「知道」，卻不是「致知」。

　　如果你決定把知行合一作為自己的目標，就請不要僅關注「行」的部分，指責自己沒毅力執行，輕易否定自己。不妨給自己一些耐心，畢竟我們正在和強大的慣性抗衡，正在重新選擇更好的生活。

　　「知」是「行」的源頭，因此你可以從「知」入手，不只把知識當作工具和技巧，而是洞察其背後的原理、敬畏自己的影響力，透澈地理解「為什麼需要這樣做」。唯有如此，你才能真正地將「知」貫徹到「行」中。

君子敬以直內，義以方外。

——《周易・繫辭》

也許你還會遇到其他問題，不過別忘了你手中還有一張問題解決地圖。對於問題解決過程中出現的任何問題，你都可以嘗試用 KSME 問題解決七步法和「邏輯之外的力量」予以解決，把解決問題變成熟悉、運用、檢驗、完善這張地圖的機會。

3. 你好，問題管理者！

恭喜你，當翻到這一頁時，你已經是一位真正的問題管理者了。我看到你不僅擁有得當的方法、卓越的能力，還擁有堅毅的心智、溫暖的情感。也許未來的風浪一如既往地澎湃，但你已不同凡響。

不知你是否發現，當你在第 6 章找到問題背後的目標時，解決問題就不再是解決問題，而是達成目標的旅程了。

這意味著，你不僅是一位問題管理者，還是一位真正意義上的目標管理者——能為實現心中的目標找到路徑與方法；你也是一位資源管理者——能夠統籌時間、精力、物質、關係和資訊來排除干擾、達成願景；你還借由解決問題不斷成長，真正把問題變成了機會——成為自己人生的管理者。

我們在寫這本書時經常想，你會在什麼機緣下與它相遇呢？你在工

作和生活中可能遇到了哪些困難呢？我們要怎樣幫助你排除干擾？你的
問題是否成功解決了？你實現你的願望了嗎？當我們思考這些問題時，
彷彿你就坐在我們面前。

在本書的撰寫過程中，我們也遇到了很多挑戰：靈感的缺乏、身體
的疲勞、內容的繁雜……而讓我們克服萬難的是對你由衷的祝願——祝
願你在工作中遊刃有餘，在生活中充滿熱忱，在問題中找到機會，在關
係中與所愛之人相擁，在生命的旅程裡捍衛幸福。

本書為你而來，為每一位成長中的問題管理者而來，也為這個充滿
機會、富有願景的時代而來。

現在，我將這張地圖完整地交到你手中。接下來，你準備帶著它去
哪裡呢？

原來黎明的起點，就在我的心裡面。

　　　　——南征北戰《我的天空》

關於
KSME

你發現我的角色了嗎？

　　非常榮幸能陪伴你走完「問題之王」的解決之旅，不知在這一段短短的旅程中，你發現我在其中的角色了嗎？

　　在你面對棘手的「問題之王」時，我一直安靜地陪伴著你；在你遭遇挫折時，我從未否定你、批評你，從不輕易給你建議，更不會把我的想法強加給你；我時時刻刻欣賞著你、敞開我的心聆聽你，關心你的感受，一步一步陪伴你找到解決問題的最短路徑和最佳方案，並相信你一定會為自己做出最好的選擇。

　　當我這樣做時，我就是你的 **KSME 問題解決夥伴**。

　　問題解決夥伴是成就問題管理者的人，是無論在風平浪靜時還是出現棘手的問題時，都能提供深度托舉、穩定陪伴的人，是帶著理性、平和的 KSME 狀態與你站在一起，用專業知識和技能助你達成心中願景的人。

　　如果你在閱讀本書時有所收穫，就像我陪伴你一樣，你也可以成為一位問題解決夥伴，陪伴身邊有需要的人走出問題困境，把問題變為機會。

　　在過去 10 年中，KSME 問題解決課堂培養了一批優秀的問題解決專家，包括問題解決夥伴、督導、講師。

　　他們中有的正在陪伴**企業**培養內部的問題管理者，推動企業人才培養計畫的實施和經營目標的實現，助力專案落地、績效提升、跨部門協作、團隊建設等問題的高效解決。有的正在陪伴**學校**培養優秀的問題管理者，助力解決家校關係、師生關係、綜合素質培養等問題。有的正在

陪伴**家庭**解決親密關係、親子關係、家庭溝通等問題。有的正在陪伴**個人**解決職業發展、能力提升、情緒管理等問題。

如果你想進一步了解 KSME 問題解決專家培養專案，歡迎訂閱「KSME 空間」公眾號。

如果你想了解更多 KSME 的線上、線下活動，與作者互動、投稿回饋，也歡迎聯繫我們（郵箱地址：ksmespace@sina.com）。讓我們一路同行，共同成長。

見證 KSME

本書的內容曾幫助許多企業、學校、家庭和個人改變了現狀，他們在這裡寫下了自己與 KSME 的相識、相知之旅。祝願你也能早日達成心中願景，釋放問題背後的真正價值。

認識顧老師之前，我創業已有兩年之久，一直在探索心理學在商業場景中的應用。

2018 年年初，我認識了顧淑偉老師，我和顧老師一見如故，聽過一遍 KSME 問題解決課程之後，我就覺得這個課程的設計理念很完善。

市面上有很多分析和解決問題的課程，但都偏重於方法流程。我們腦子裡裝了一大堆方法流程，卻依然解決不了很棘手的問題，這是因為我們忽略了個人的心智成熟，常常被思維和情緒所困，很難找到答案。

　　KSME 最核心的優勢是將心智模式──我們如何看待問題，與 KSME 問題解決七步法的流程相結合，這在心理學上也符合先善待情緒、再解決問題的原則。

　　只要我們從問題思維轉向面向未來的目標思維，帶著 KSME 的理念和技能，就能使很多問題在運用 KSME 問題解決七步法之前迎刃而解，讓問題不再是問題。

　　在培訓現場，很多學員都有恍然大悟的感覺，很多客戶成了顧老師的忠實粉絲。時光匆匆，KSME 不斷反覆運算，培養了一批督導和講師，也是回購率相當高的一門課程。

　　作為培訓界的前輩，顧老師讓我看到了她的謙虛、嚴謹、熱忱和愛。除了教授課程，顧老師也長期踐行她所深耕的 KSME 理念，為很多組織、家庭解決問題，帶來真正的改變。

　　能把自己所講的內容一點一滴地做出來、「活」出來，這樣的老師總是充滿魅力和吸引力。很幸運遇見 KSME，相信這本書能讓更多的人和我們一樣幸運。

──魏恒

合悅諮詢創始人

　　真正與 KSME 結緣是在 2020 年年末，那時我才 18 歲。由於生活中出現了一系列我無法自行解決的「關係問題」，我加入了 KSME 第四期夥伴班課程。通過兩天的學習，我開始踐行「改變自己，影響他人」這條 KSME 核心理念。很快，我的生活中就出現了一系列看似不可思議的

積極變化。

　　請允許我用最誠摯的語言，描述一下我眼中的湘寧與顧老師。在我心中，湘寧是真誠且透明、智慧且善良的存在。最令我感動的是，在我遇到困難的那段時間裡，在與湘寧僅見過 3 次面的情況下，她就二話不說地把我接到她家裡，幫助我度過了那段最艱難無助的時光。在我心中，她就像小太陽一樣溫暖著我。看到她的笑容我就會感到溫暖，聽到她的聲音我就會被「治癒」。

　　在和顧老師、湘寧的相處中，我感受最深的是「不言之教」的力量。我發現她們在生活中總是對人充滿欣賞，不僅是對我，她們在日常生活中就會真心讚美彼此。在這種環境下生活了一個月有餘後，我也潛移默化地把欣賞轉化為了一種能力。

　　從顧老師身上，我還學到一種平和。在與顧老師朝夕相處的那段時間裡，無論發生了怎樣的事，我都沒見過她生氣或焦慮。有時我們在一旁焦頭爛額，顧老師總能以非常穩定、平和的語氣說：「沒關係，總會有辦法解決的。」每當聽到這句話，我都會回歸平靜，先善待情緒，再解決問題。

　　幸運的是，在湘寧和顧老師的幫助下，如今我也成為自己的小太陽，有時還有力量幫助身邊的家人、朋友。真心希望這份溫暖和愛可以傳遞給正在閱讀這本書的你。

——鄧恬

美國伯克利音樂學院在讀學生

　　母親說我這幾年的口頭禪變成了「辦法總會比困難多」。細想起來，好像還真是。無論是在工作中遇到突如其來的難題，在生活中遇到這樣那樣需要酌定的關鍵時刻，還是在孩子走入青春期後不可避免地遇到大大小小且從未出現過的挑戰時……我似乎都真的比以前的自己更自信，更能快速找到關鍵問題，也更有方法幫助身邊的人了。

　　是什麼影響了我？有成長帶來的經歷，讀書帶來的思考，更有自 2017 年開始接觸 KSME，4 年來的新發現與新收穫。

　　2017 年，我們有機會邀請顧老師為高管內訓課程進行團建、授課，顧老師每每都深受學員的好評。我們經常看到高管學員們在 KSME 問題解決課堂上熱淚盈眶的場景。當看見班級學員在各方面都得到了提升時，作為校方的我們也倍感鼓舞。

　　一次次運用 KSME「法寶」的嘗試使我發現，這套原本針對企業開發的 KSME 問題解決課程，同樣適用於家庭建設、孩子教育、個人成長問題的管理。

　　期待大家和顧老師一起，踏上這段透澈又溫暖的探索之旅。我也會和你一樣，每天都遇見更好的自己。

——鄭莉莉

中國人民大學商學院高層管理教育中心項目主任

　　5 年前，我和另一半遇到了一個「天大」的問題——我們就要辦理離婚手續了。但正是這個「天大」的問題，在後來變成巨大的機會，讓我深入地了解了 KSME，並通過 4 年的學習正式成為一名 KSME 講師。

　　隨著 KSME 學習的不斷深入，我在夫妻關係中學會了放下「我是對的」的執念，並從影響圈著手，主動欣賞另一半並獲得了對方的讚美，彼此建立了堅實的信任。

　　後來我們有了「二寶」，經常帶著兩個孩子參加 KSME 的有趣活動，親子關係達到了我理想中的美好狀態。此外，我的婆媳關係也重歸融洽，家庭迎來了久違的溫馨、和睦。KSME 也在我的工作中「大顯身手」，幫助我高效地解決了許多看似無解的問題。

　　成為正式 KSME 講師後，我開始幫助更多有需要的人走出問題困境，擁抱心中願景。感謝這段與 KSME 的奇妙緣分讓我見證了「問題就是機會」。

──郭輝

原 IBM 敏捷專家

　　KSME 帶給了我 4 個新身分：一個溫暖的黨支部書記、一個高效的心理諮詢師、一個孩子喜歡的家長、一個轉型成功的獨立講師。

　　以前，我給員工的印象就是一個厲害的老闆，給了大家很多距離感，讓員工對我敬而遠之。接觸了 KSME 後，我開始在黨支部的談心談話活動中融入溫暖的元素，並使用 KSME 問題解決七步法幫助員工高效地解決了許多實際問題，贏得了更廣泛的信任。

　　除了溫暖的黨支部書記，我目前還是某心理健康研究中心的副主任兼專職心理諮詢師。KSME 不屬於心理學範疇，但它在解決問題時使用

的思維、技術對我做心理諮詢大有裨益，特別適合沒有心理學基礎的人學習和掌握，以實現高效地解決工作、生活中的各類問題（心理疾病除外）的目標。

遇到問題時，不少人的第一反應是「難」，而且往往高估了問題的困難程度，低估了自己的應對能力。KSME 使我的諮詢高效且有溫度，也大大提升了我的職業幸福感。

KSME 不僅成就了我的事業，也成就了我的家庭，特別是讓我成為孩子喜歡的家長。一次，孩子在與我通話時讚美我：「媽媽，你做的很多事情都讓我感覺特別好。」我很吃驚，問她我做了哪些事情讓她如此讚美我。她說：「比如你沒有像其他家長那樣讓我早上學，你沒有逼我學習，你讓我自己選擇畫室……」孩子的一席話，讓我更加確信，尊重孩子、讓孩子自己為學習負責是正確的。家長的「夥伴」角色真的很重要！

2017 年，一家大型企業的培訓中心邀請我做兩場培訓，我十分焦慮，好在我用 KSME 問題解決七步法分析了現狀，找到了解決方案，擬定了行動計畫，成功地完成了授課任務。現在，我已經成功轉型為一名獨立講師。

KSME 的理念、技能、方法已經成為我的價值觀的一部分，並成為我在企業工作、日常生活、心理諮詢、個人成長等多個領域的方法論。

——肖潔

某心理健康研究中心副主任

　　2021 年 7 月，我們有幸與 KSME 相識。KSME 強調要通過改變自己去影響他人，這為我提供了另一種生活和工作的方式。

　　在校園裡，我們期待先邁出一步的是學生。而 KSME 問題解決課程用一系列鮮活的案例告訴我們，先邁出一步的更應該是教師。改變自己，是對學生最好的影響，是對行為示範最好的詮釋。

　　KSME 既具有引領作用，也能為前進的我們搭建橋樑。先邁出一步的人更有力量，學生需要有力量的教師，社會需要有力量的教育。樹立同一目標，建立同一誠心，培養同一品德—— 教育會在無聲處見花開。

　　古人云：「何不策高足，先據要路津。」困境與坦途，有時只有一步之遙。而 KSME 帶給我和其他教師的最大價值，就是為我們注入了改變與讚美的力量。

——楊媛

北京市豐台區建華學校校長

　　第一次與顧老師談話是在高二下學期的夏天，那也是我第一次接觸到 KSME。那時的我和大多數同年齡段的孩子一樣正處於叛逆期，和父母的交流總是伴隨著爭吵。母親說：「咱們目前老是有分歧，你的個人狀態也不好，我找到了一位老師和你談談。」

　　當時我的內心非常抵觸，畢竟學校經常舉辦這種講座，我感覺都是花大價錢從校外找人就學生在叛逆期的問題做「雞湯講座」，收效微乎其微。本以為是應付媽媽的一次簡短交談，我卻驚喜地發現顧老師很不一樣：她在交流中從不講大道理，而是切合實際地幫我解決具體問題。

這正是我所需要的！當時我有一種與顧老師相見恨晚的感受，突然感覺這個世界上終於有一個人能理解我了。從那之後，我和父母吵架的頻率真的越來越低，同時我也開始期待與顧老師的下一次談話。

KSME 解決了很多在當時非常困擾我的問題，比如和同學鬧彆扭、青春期的懵懂等。但 KSME 給我的最大的幫助是在我的學業上，毫不誇張地說，顧老師改變了我的人生軌跡──她幫助我找到了新的人生目標，考上了理想的大學。現在我正準備考研，顧老師的信任和祝福猶在耳旁。願我「一戰成碩」，也希望 KSME 大家庭的成員越來越多！

──鄂宇兵

一位 KSME 青年踐行者

管理者解決問題，領導人解決難題。感謝 KSME 團隊助力銀雁管理團隊的自我反覆運算，KSME 讓我們更有力量、更有智慧地面對自己在工作與生活中的現實問題，知行合一地面對集團數位化轉型這一艱巨任務。

──梁嵐

銀雁科技服務集團 COO

我是銀雁科技服務集團的一名普通員工，從 2020 年 7 月到現在有幸一直學習 KSME，目前我成為 KSME 夥伴，並在衝刺 KSME 督導認證的路上。感謝公司頗具創意的人才培養計畫。在 KSME 夥伴訓練營中，全

國 150 位銀雁小夥伴彼此成就，聚焦於影響圈和自己的問題，主動擔當，助力公司達成戰略目標——在 2021 年 9 月已順利完成全年收入的 78%。我們還當堂解決了工作和家庭的許多實際問題，經常有小夥伴感歎：「久病得治！」在督導班，我們更多地聚焦於團隊建設和業績問題，深入研究問題本質，對 KSME 問題解決七步法也運用得更加嫻熟。KSME 給我帶來的核心動力是「改變」，它讓我擁有了從容、勇敢的內心。

——董豔麗
銀雁科技服務集團的 KSME 踐行者代表

KSME 為在工作和生活問題面前的我們，提供了一種「高明」的解決方案。這種「高明」在於它有辦法將人的內心打開。當心門打開時，問題的解決之門也就打開了。KSME 以系統的方法將問題分門別類地清晰管理，讓難題易解、難事易做。我本人和公司員工曾多次參加 KSME 學習，因為階段和身分不同，領悟也有不同。

但相同的是，我們一次又一次地重新認識自己、認識角色和認識組織，收穫頗豐。當前，關於文化、組織和人的關係研究是管理者思考的焦點，KSME 的理念和實踐能給管理者帶來極好的啟示和有益的解決方案。

——鄧秋生
中鐵建物業管理有限公司執行董事、黨委書記
中國物業管理協會名譽會長，北京青聯委員

16 年前，我還是一名在校大學生，機緣巧合下結識了 KSME 創始人顧老師一家，成為奉博士的「兼職家庭教師」。在短暫的兩年的相處中，這家人的「鮮活、豐富、向上」給我留下了深刻的印象，以至於在十幾年後的今天，每每回味，仍覺歷歷在目。

不做裁判做夥伴、互為環境、彼此成就、善待問題、聚焦目標……這些 KSME 中的高頻詞語與解決我在工作和生活中的困惑不謀而合。

一是在工作中，作為幼稚園園長，我要面對的是幾十名員工，幾百名幼兒，近千餘名家長。如何高效、合理地解決問題，保證校園順利運轉，是一個關鍵問題。

學校選取了 KSME 核心課程，其中「情緒－關系－問題」、「KSME 問題解決七步法」、「欣賞與聆聽」、「信任的疊加效應及建設性回饋」等內容都大受歡迎。不僅如此，KSME 問題解決課程還被成功引入我們集團公司的十幾家幼稚園之中，使千餘名員工、5000 餘個家庭從中受益。

二是在生活中，作為一個職場媽媽，我的生活中每天都有斷不完的「官司」，生活變得一地雞毛。在聽完 KSME 問題解決課程之後，我自然而然地把「不做裁判做夥伴」引入親子交流之中，幫孩子分析其與同學、老師之間各種問題，讓孩子的成長、家庭的氛圍都迅速得到改變。

溫馨和諧的家庭環境，積極向上的校園氛圍，讓我能夠有更多的時間與精力提升自我修養，並於 2021 年 9 月成功考取了北京航空航太大學公共管理碩士研究生。

——王光藝

某幼稚園園長

致謝

寫到這裡，我們心中充滿感動，因為需要感謝的人實在太多。5 年前我們就開始籌備這本書，一直想把解決問題的經驗和感悟分享給更多有需要的人。我們曾經認為把自己熟悉的內容寫出來，應該不是一件很難的事情，但每次動筆，都發現寫書和講課的差別太大，很難把 KSME 的體系全面、有溫度地呈現出來，因此寫了好幾稿都不滿意，每次都是從頭再來。袁枚的這首詩完全表達了這 5 年來我們寫書的心境。

《遣興》

愛好由來下筆難，一詩千改始心安。

阿婆還似初笄女，頭未梳成不許看。

但寫書的夢想一直都在。2021 年初夏，人民郵電出版社徐競然編輯的邀約讓我們的夢想重新啟動。從本書的策劃到定稿，整個過程我們都得到了她的同步支持和及時回饋。她的專業能力、敬業態度和夥伴式的陪伴，給予我們巨大的支持。

兩位作者對彼此的感謝是無以言表的，我們作為母女，在幾個月的創作過程中又增添了新的關係——同事、夥伴、戰友。一百多個日日夜夜，我們一直手挽手、肩並肩，克服了一個又一個困難。當缺乏寫作靈感時，當在邏輯上卡殼時，當文稿需要反覆推敲時，那份心靈上的默契、支撐與鼓勵在我們之間溫暖地流動。

感謝插畫家 Tina 楊文婷老師對每張圖反覆打磨、精心繪製，力圖給讀者帶來輕鬆、美好的閱讀感受。她的耐心與追求完美的態度，成就了這本管理學圖書獨特的藝術質感。感謝 UI 設計師任珂瑤對插圖的技術支持，她的專業與細緻令我們感念。

感謝中國科學院大學劉曉教授給予我們的支持、指導和鼓勵。他是我們最為敬重的老師，他朋友般的陪伴讓我們感受到學術本身的自由與美好，他給予我們的無條件的信任，是價值連城的存在。

感謝來自 Learning & Performance Institute 的奈傑爾・哈里森老師的指導。KSME 問題解決七步法的流程借鑑了他《How to be a True Business Partner by Performance Consulting》一書中的績效管理工具。他本人的熱情、專業、開放，為我們的創作提供了關鍵的支持。

感謝中國科學院心理研究所祝卓宏教授對 KSME 的關心和支持，感謝 Yvonne、蔡尚挺博士、孟憲會、郭丹、于麗娜、李媛媛、王曉鵬、彭尚峰、李銳琦多年來對 KSME 的關注與陪伴。

感謝赫為科技有限公司董事長鄧富強先生、上海威固資訊技術股份公司董事長吳佳先生、中鐵建物業管理有限公司執行董事鄧秋生先生、銀雁科技服務集團 COO 梁嵐女士對 KSME 的高度認可與深度合作。

感謝王守輝、高飛、彭繪、魏恒、于莉、鄭莉莉、齊琨妮等好友，在 6 年間把 KSME 帶入各個企業和學校。

感謝查義娟總經理、盧含穎老師、趙海珍老師多年來為「KSME 加油站」提供場地支持。感謝周金玲女士、李利女士對 KSME 的長期喜愛和支持。感謝石雷和孫雨霞老師多年來對 KSME 的關注。

感謝 KSME 專家團隊對書稿的檢驗、實踐及回饋：王馳、王雪娜、

侯智旗、郭輝、張敏、陳延輝、趙海珍、劉豔、盧含穎、馬惠英、范秀麗、石雷、王軍。他們認真的態度、卓越的能力和始終的陪伴，為本書的誕生提供了關鍵支持。

感謝 KSME 實踐者們多年來的同行：顧樹強、劉洪梅、楊夢石、孔丹、肖偉硯、袁巍、解雪、張墨青、王淑娟、李娜、馬建、于勝男、乜超、鐘凱、李鶒、葉露平、陳文玲、初伊、鄧彩勤、梁獻瑩、曲源萍、董豔麗、張慧敏、王曉蕾、黃穗紅、顧健等。他們都在各自的領域散播著愛和溫暖。

感謝好友鄧恬、劉雅潔、張綺凡博士的陪伴和支持，你們讓我感受到友誼的堅韌與真摯。感謝任小巍老師在創作過程中一直鼓舞我們，隨時關注創作進度。

在第一屆 KSME 嘉年華上，一位初一少年主動走上講台握住我的手，鄭重地「囑咐」我：「KSME 真好，好好幹。」感謝你，張天皓同學，你的話一直激勵著我們繼續「好好幹」！

特別感謝我們的家人為我們營造了一個能夠專注創作的環境。家庭成員們用無條件的愛，成就了我們的夢想。

最後要感謝本書的策劃者、KSME 創始人之一奉金明教授，他的戰略規劃和路徑指引給了我們巨大的支持。

感謝閱讀本書的你，感謝你的關注與投入。獨一無二的你充滿智慧與力量，值得擁有世間一切的美好──這是我們由衷的祝願！

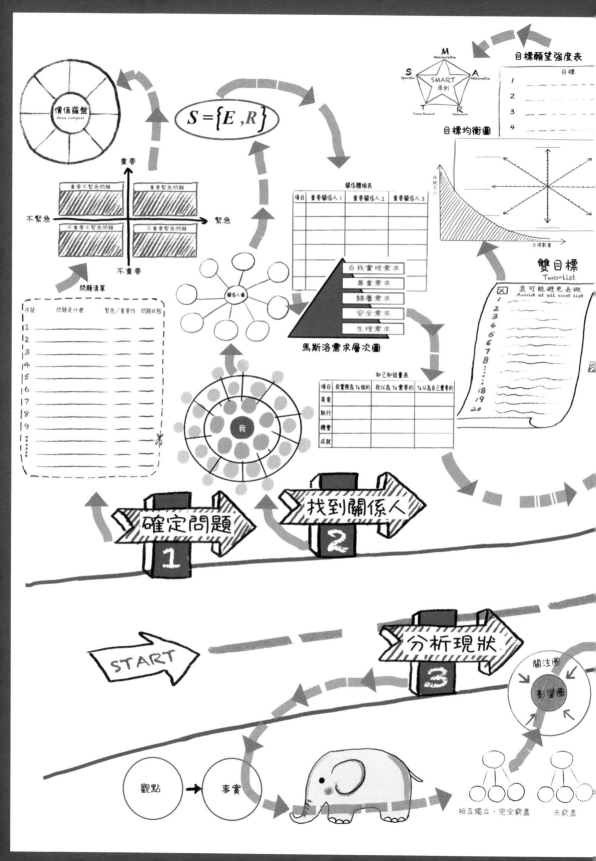

行動計畫表

行動	責任人	擬定完成時間	是否完成
1			
2			
3			
4			
5			
6			

渴望強度

......

目標回歸線

總結回顧日期：

PLAN 計畫

PDCA 循環

處理 ACT

執行 DO

檢查 CHECK

清單
System

☑ 要去做
To do List
1
2
3
> 4
5

明確目標

4

$P = p - i$

制定方案

6

明確差距與代價

5

K S M E

信任程度體檢表

	我對你的做實	我對你的感測
1		
2		
3		
4		
5		
6		

情感帳戶

偏選方案

頭腦風暴

最終方案

解決方案

關注圈

影響圈

現狀目標差距圖

現狀拆分清單
1
2
3
4
5
6
7

不獨立

現狀　　　　目標

代價：

K	1
	2
	3

S	1
	2
	3

M	1
	2
	3

E	1
	2
	3

行動計畫

7

有解：解決問題的關鍵 7 步

像拆玩具一樣拆開問題，打破你的慣性思路，
讓你擺脫困境，找回人生掌控權。

作　　　　者　奉湘寧、顧淑偉
責 任 編 輯　呂增娣
校　　　　對　魏秋綢、吳千千
封 面 設 計　潘大智
內 頁 設 計　潘大智
行 銷 企 劃　吳孟蓉
副 總 編 輯　呂增娣
總　 編　 輯　周湘琦

董 事 長　趙政岷
出 版 者　時報文化出版企業股份有限公司
　　　　　　108019 台北市和平西路三段 240 號 2 樓
發 行 專 線　(02)2306-6842
讀者服務專線　0800-231-705　(02)2304-7103
讀者服務傳真　(02)2304-6858
郵　　　　撥　19344724 時報文化出版公司
信　　　　箱　10899 台北華江橋郵局第 99 信箱
時 報 悅 讀 網　http://www.readingtimes.com.tw
電子郵件信箱　books@readingtimes.com.tw
法 律 顧 問　理律法律事務所　陳長文律師、李念祖律師
印　　　　刷　紘億印刷有限公司
初 版 一 刷　2023 年 03 月 17 日
定　　　　價　新台幣 420 元

（缺頁或破損的書，請寄回更換）

有解：解決問題的關鍵 7 步驟：像拆玩具一樣拆
開問題，打破你的慣性思路，讓你擺脫困境，
找回人生掌控權。/ 顧淑偉，奉湘寧著. -- 初版.
-- 臺北市：時報文化出版企業股份有限公司，
2023.03　面；　公分
ISBN 978-626-353-537-4(平裝)
1.CST: 成功法 2.CST: 思維方法
177.2　　　　　　112001720

ISBN 978-626-353-537-4
Printed in Taiwan

時報文化出版公司成立於 1975 年，
並於 1999 年股票上櫃公開發行，
於 2008 年脫離中時集團非屬旺中，
以「尊重智慧與創意的文化事業」為信念。